ENCYCLOPÉDIE DES
A N I M A U X

ENCYCLOPÉDIE DES

ANIMAUX

DINOSAURES • PRÉHISTORIQUES • CHEVAUX • DAUPHINS • PAPILLONS • SAVANE

FLEURUS

FLEURUS ÉDITIONS, 15-27 rue Moussorgski, 75018 PARIS
www.fleuruseditions.com

LES DINOSAURES

Texte
Émilie BEAUMONT

Images
MIA - Betti FERRERO

LES PREMIÈRES DÉCOUVERTES

Le premier os de dinosaure a été découvert en Grande-Bretagne en 1677. On pensait, à l'époque, qu'il s'agissait d'un os d'homme géant ! Mais, en 1841, Richard Owen, chargé de répertorier les fossiles de reptiles, comprit qu'il s'agissait d'une catégorie particulière d'animaux gigantesques qui n'avaient pas l'attitude rampante des reptiles, mais se tenaient debout sur leurs pattes. Il les baptisa « dinosaures », du grec « deinos » : terrible et « sauros » : lézard. Les dinosaures vivaient sur la terre ferme.

Le mégalosaure

Il est le premier dinosaure à avoir reçu un nom, en 1824, à la suite de la découverte d'un bout de mâchoire en Angleterre. Ce dinosaure était un redoutable chasseur qui dévorait d'autres dinosaures. Ses puissantes pattes arrière et ses pattes avant étaient munies de griffes très pointues et robustes.

Ses dents étaient profondément implantées dans les mâchoires par de longues racines.

L'hylaeosaure

On le connaît assez bien grâce à plusieurs squelettes retrouvés incomplets. Il mesurait 6 m de long. Son corps était recouvert d'une cuirasse hérissée de grosses cornes sur le dos et sur le côté. Son crâne était épais et osseux. On le nomma « reptile des bois » après la découverte d'un squelette dans une forêt anglaise en 1833.

L’iguanodon

Il mesurait jusqu’à 10 m de long et environ 5 m de haut quand il se tenait debout sur ses puissantes pattes arrière. Ce dinosaure, baptisé en 1825, était herbivore et vivait en troupeau sans doute pour mieux échapper aux dinosaures carnivores. Ses pouces en pointe conique lui servaient certainement à se défendre. Il avait un bec osseux et de puissantes molaires crénelées dans le fond de la bouche.

DE GRANDS DINOSAURES

On connaît bien ces dinosaures géants, car beaucoup de squelettes ont été retrouvés en parfait état de conservation. Ces animaux paisibles vivaient au bord de l'eau. Peut-être même se déplaçaient-ils plus facilement dans cet élément, leur long cou leur permettant de marcher sur le fond des étangs tout en gardant la tête hors de l'eau. Mais cette hypothèse est controversée. Leurs pattes massives étaient en forme de colonnes et leur cou très long. Comme tous les dinosaures, ces géants pondaient des œufs.

Le brachiosaure

Ce grand dinosaure d'au moins 10 m de haut pesait 80 tonnes environ, l'équivalent de 12 éléphants ! Il se nourrissait de plantes et de feuilles qu'il arrachait avec ses dents pointues à la cime des arbres grâce à son long cou et à ses pattes avant plus longues que ses pattes arrière.

Le mamenchisaure

Parmi tous les dinosaures, il possédait le cou le plus long. Dressé sur ses pattes arrière, il devait attraper en haut des arbres les jeunes pousses que les autres ne pouvaient atteindre, mais ce grand cou devait parfois être un handicap !

Le barosaure

Ce dinosaure semblable au diplodocus se déplaçait certainement sur de très longues distances. On a retrouvé des squelettes de ce spécimen en Amérique du Nord et dans l'ouest de l'Afrique datant de l'époque où les continents étaient encore soudés.
Sa tête était petite par rapport à la grosseur de son corps. Les os de son cou mesuraient 1 m en moyenne, mais ils étaient assez légers pour lui permettre de lever la tête.

Le diplodocus

Il est le plus connu des dinosaures. Ce paisible herbivore pouvait atteindre 30 m de long, mais il était moins lourd que les autres dinosaures géants : il ne pesait qu'une dizaine de tonnes !

DE PETITS DINOSAURES

À côté des dinosaures géants et monstrueux, existaient aussi de petits dinosaures. Ils étaient en général bipèdes, c'est-à-dire qu'ils se déplaçaient en marchant sur leurs deux pattes arrière, plutôt longues et musclées. Ils étaient très rapides et agiles, ce qui leur permettait d'échapper aux autres dinosaures beaucoup plus gros qu'eux. Certains se nourrissaient d'herbe ou de plantes plus ou moins coriaces, d'autres attrapaient de petits lézards ou des insectes grâce à leur énergique mâchoire.

Le saltopus

C'est l'un des plus anciens dinosaures. On a retrouvé son squelette sans son crâne. On ne connaît donc pas la forme de sa tête. Ce petit dinosaure de 60 cm était un excellent coureur.

On appelle aussi ***le mussaurus*** *« reptile-souris de Patagonie ».*

Le mussaurus

Les squelettes de mussaurus retrouvés en Amérique du Sud ne mesuraient pas plus de 20 cm de long. Il s'agissait probablement de jeunes dinosaures.

Le fabrosaure

C'était un dinosaure d'un mètre de long environ, au corps léger mais aux membres puissants. Il avait de solides dents qui lui servaient sans doute à manger une végétation coriace.

L'avimimus

Il a fait partie des derniers dinosaures. Long de 1 m environ, il ressemblait peut-être à un grand oiseau et attrapait ses proies à la course.

Le compsognathus

Ce petit dinosaure ne pesait sans doute pas plus lourd qu'une dinde. Sa queue, presque aussi longue que son corps, servait de balancier quand il courait. Ses jambes étaient solides et élancées et son cou était assez long. Il se nourrissait de bêtes rapides et possédait de petites dents pointues mais pas très solides.

Le procompsognathus

Ce dinosaure chassait probablement en bande et se nourrissait d'insectes et de petits lézards. Il utilisait ses bras courts pour attraper ses proies et les porter à sa bouche.

DES DINOSAURES À GRIFFES

On étudie depuis longtemps des spécimens à griffes recourbées, mais on a réalisé tardivement qu'ils formaient une famille aux caractères particuliers. Ces dinosaures étaient tous de redoutables chasseurs, d'effroyables carnivores aux mâchoires puissantes, garnies de dents pointues et tranchantes. Ils se distinguaient par les griffes recourbées qui prolongeaient certains doigts de leurs pattes arrière. Ces griffes ressemblaient à des faucilles qui leur permettaient de déchiqueter leurs proies.

Un corps de tueur

Le deinonychus était un grand prédateur, comme en témoigne sa morphologie : pattes élancées pour courir vite, dents recourbées en arrière et crénelées pour déchirer les chairs, griffes à chaque pied, dont une de 12 cm pour entailler les proies. Ces griffes restaient dressées pendant la course pour ne pas être abîmées et s'abattaient vigoureusement sur l'animal capturé. Quant à sa queue, elle lui servait de balancier pour s'équilibrer pendant la course et le combat.

Le deinonychus

Le deinonychus

C'était l'un des plus grands représentants de la famille des dinosaures à griffes recourbées. Il mesurait environ 4 m. Il présentait quelques ressemblances avec les oiseaux : un cou souple et élancé, de longs bras repliés comme des ailes au repos.

Le vélociraptor

Ce carnivore avait un crâne long et étroit, un museau aplati, des bras longs et des jambes élancées. Malgré sa longueur moyenne d'environ 2 m, c'était un grand chasseur : chaque orteil était terminé par une puissante griffe qui maintenait et éventrait ses proies.

***Les deinonychus** chassaient seuls ou en bande. À plusieurs, ils pouvaient s'attaquer à beaucoup plus gros qu'eux. Les uns se chargeaient de ralentir l'animal en lui tirant la queue. Les autres lui frappaient les flancs de leurs griffes pointues.*

DES DINOSAURES À BEC DE CANARD

Ces dinosaures avaient une tête assez allongée qui s'aplatissait à l'avant en forme de bec de canard. Leur queue aplatie et leurs pattes légèrement palmées devaient les aider à nager vite quand ils se jetaient à l'eau pour échapper à leurs prédateurs. C'était leur seul moyen de défense, car ils n'avaient ni griffes ni grandes dents. En effet, leur mâchoire était munie de milliers de petites dents bien serrées les unes contre les autres qui déchiquetaient et broyaient les plantes ou les branches les plus coriaces.

L'edmontosaure

Ce dinosaure de 13 m de long vivait à la fin de la période des dinosaures. Il marchait aussi bien sur ses quatre pattes que debout sur ses deux pattes arrière. La partie supérieure de son museau était une peau qui se gonflait pour faire résonner ses beuglements. Il cisaillait les plantes coriaces grâce à ses milliers de dents.

*On a retrouvé, dans des **anatosaures** momifiés, les restes de repas constitués d'aiguilles de pin et de fruits.*

Le corythosaure

Ce dinosaure était reconnaissable à sa haute crête, en forme de demi-assiette. Il semble que le système respiratoire de l'animal passait du nez à la gorge par cette crête. Peut-être lui servait-elle de caisse de résonance pour intensifier la portée de ses mugissements.

L'anatosaure

Il est l'un des membres les plus connus de cette famille, car on en a retrouvé de nombreux squelettes. Comme l'edmontosaure, il vivait à la fin de la période des dinosaures. Mesurant 10 m de long et pesant 3 tonnes, il avait des membres robustes, un crâne allongé et un mufle épaté. Il devait avaler de grandes quantités de plantes pour se nourrir.

DES DINOSAURES À PLAQUES

Ces dinosaures herbivores étaient de taille moyenne ou grande. Ils étaient reconnaissables aux lignes de crêtes osseuses qu'ils avaient sur le dos. On pense que le sang y passait soit pour se réchauffer au soleil soit pour se refroidir à l'air frais. Ces plaques pouvaient être très grandes, puisque certaines mesuraient jusqu'à un mètre de long et de large. Elles ne leur servaient sans doute pas de bouclier. C'est avec les piquants de leur queue que ces pesants dinosaures devaient se défendre des dinosaures carnivores.

Le kentrosaure

Il ressemblait au stégosaure, mais en plus petit. Il portait des plaques triangulaires sur le cou et les épaules qui devenaient plus pointues sur le dos et la queue. Son système de régulation de la chaleur était moins perfectionné que celui du stégosaure.

***Le kentrosaure** vivait en Afrique au même moment que le stégosaure, qui était présent en Amérique, à l'époque où ces deux continents étaient encore soudés.*

Le stégosaure

Il mesurait environ 8 m de long, avait un tout petit crâne et un tout petit cerveau. Ce dinosaure lourd et lent broutait les branches situées près du sol. Sa tête était basse parce que ses pattes avant étaient beaucoup plus courtes que ses pattes arrière.

Sa mâchoire n'avait pas beaucoup de dents mais se terminait par un bec dur qui lui permettait de couper les plantes tendres qu'il mangeait. Il arrachait sa nourriture et l'envoyait dans son estomac, où elle fermentait.

*Les plaques en losange sur le dos du **stégosaure** ne lui servaient ni d'arme ni de bouclier, mais d'échangeur de température pour chauffer ou pour refroidir son sang. En revanche, les piquants de sa queue, redoutables pointes qui mesuraient jusqu'à 60 cm, lui servaient à se défendre.*

DES DINOSAURES CARNIVORES

Ces impressionnants dinosaures étaient de redoutables chasseurs. Leurs deux pattes arrière, massives comme des piliers, étaient munies de quatre doigts terminés par de belles griffes bien pointues. Leurs deux pattes avant, très petites, étaient également ornées de griffes, ce qui leur permettait d'éventrer leurs proies. Ces terribles monstres avaient de puissantes mâchoires équipées de dents tranchantes pour dévorer aisément les autres animaux. Peut-être utilisaient-ils en plus leur lourde tête massive comme massue.

***Le tyrannosaure** est sans doute le mieux connu de tous les dinosaures. Outre quelques dents et ossements, on en a retrouvé un squelette entier.*

Le tyrannosaure

Il était sans doute le plus grand des dinosaures carnivores et le plus gros mangeur ! Ses dents tranchantes comme des poignards, aux bords crénelés pour mordre plus facilement, mesuraient au moins 15 cm de long ! Le tyrannosaure n'était peut-être pas un prédateur, mais un charognard, utilisant sa taille impressionnante (il mesurait environ 15 m de long) pour semer la panique et faire fuir les autres carnassiers. Quand il courait, sa queue devait lui servir de balancier.

Le dasplétosaure

Cet énorme dinosaure vivait à la fin de l'ère des dinosaures. Appuyé sur de solides pattes arrière terminées par trois doigts, il se déplaçait rapidement, rattrapant sans peine les proies qui tentaient de lui échapper. Peut-être chassait-il à l'affût en guettant ses victimes, puis tombait sur elles de sa lourde masse.

*Les gros dinosaures à cornes n'échappaient pas au **dasplétosaure**, qui n'avait pourtant que de toutes petites pattes avant !*

DES DINOSAURES À CORNES

Ils vivaient en très grand nombre à la fin de la période des dinosaures. Reconnaissables à la forme de leur crâne, prolongé à l'arrière par une sorte de bouclier plus ou moins large et plus ou moins découpé qui protégeait leur nuque, ils avaient un bec crochu et portaient des cornes sur la tête. Ils mangeaient surtout de l'herbe, des plantes et des feuilles. Le tricératops est le plus connu et le plus impressionnant, avec ses terribles mâchoires qui mesuraient près de 1 m de long.

Le tricératops

Ce dinosaure, qui mesurait environ 9 m de long, est le mieux connu et le plus gros de cette famille. Il avait une structure lourde aux membres forts : un véritable char de combat avec ses trois cornes dirigées vers l'avant, deux au-dessus des yeux et une sur le nez. Malgré son couvre-nuque court et festonné de petites bosses osseuses, il devait pouvoir lutter contre les plus grands carnivores en les chargeant.

Le bagacératops

Très petit, long de 1 m environ, ce dinosaure avait une minuscule corne à l'avant de la tête et un couvre-nuque massif et peu développé.

Le styracosaure

Quand il fonçait tête baissée sur son adversaire, il le menaçait de sa longue corne, tandis que sa collerette ornée de nombreux piquants effilés le protégeait des coups de dents.

Le protocératops

C'était un dinosaure de petite taille sans véritables cornes sur le dessus de la tête, mais avec des bosses osseuses, notamment au-dessus des yeux et du museau. Il avait la tête basse, un bec corné et un petit couvre-nuque qui protégeait son cou contre les dents des carnivores.

Le protocératops marchait sur ses quatre pattes, celles de devant supportant le poids du corps. Ses pieds avaient des doigts en éventail.

DINOSAURES À PIEDS D'OISEAU

Ces dinosaures avaient des pieds munis de doigts puissants, qui ressemblaient à ceux des oiseaux. Ils étaient herbivores, c'est-à-dire qu'ils se nourrissaient d'herbe, de plantes et de feuilles. Ils marchaient sur leurs pattes arrière, très musclées et très développées, tandis que leurs pattes avant étaient courtes. Ils ne portaient ni cornes ni piquants, mais certains avaient une crête. On en retrouve à toutes les époques, mais c'est à la fin de la période des dinosaures qu'ils étaient le plus nombreux.

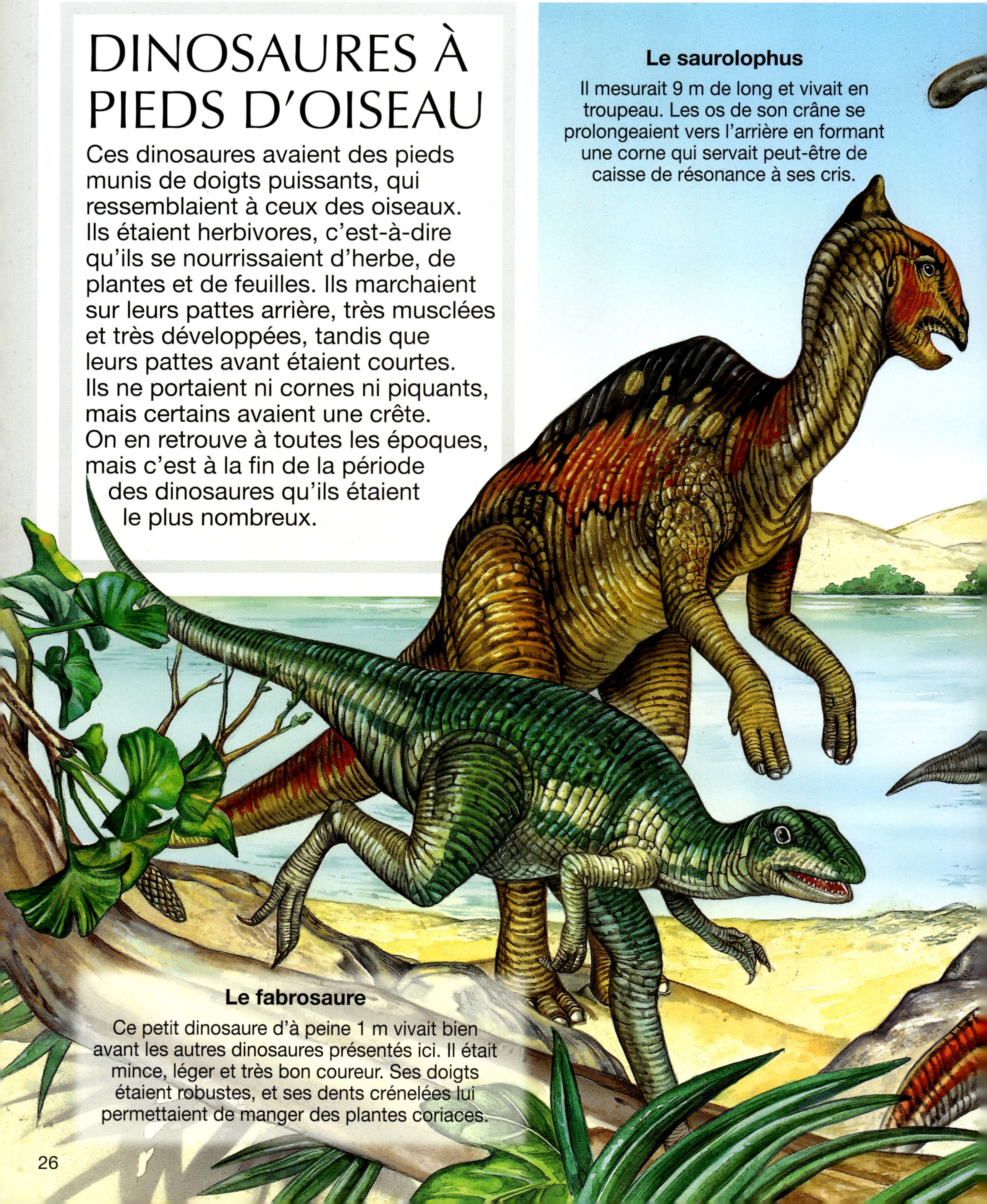

Le saurolophus

Il mesurait 9 m de long et vivait en troupeau. Les os de son crâne se prolongeaient vers l'arrière en formant une corne qui servait peut-être de caisse de résonance à ses cris.

Le fabrosaure

Ce petit dinosaure d'à peine 1 m vivait bien avant les autres dinosaures présentés ici. Il était mince, léger et très bon coureur. Ses doigts étaient robustes, et ses dents crénelées lui permettaient de manger des plantes coriaces.

Le parasaurolophus

Ce grand dinosaure de 9 m était reconnaissable à la longue crête, qu'il portait sur le sommet de sa tête et qui pouvait dépasser le mètre ! Elle lui servait sans doute à amplifier ses cris. Il la coinçait peut-être dans une encoche de son dos afin de courir sans risque de s'accrocher aux branches.

L'ouranosaure

Il vivait dans un milieu chaud et sec, équilibrant sa température avec une sorte de voile sur le dos, qui allait de la tête au bout de sa queue.

DES DINOSAURES À PIQUANTS

Ces dinosaures, pas très hauts sur pattes, étaient protégés des dinosaures carnivores par une peau épaisse, aussi dure que de l'os et hérissée de piquants plus ou moins larges et pointus. Certains avaient une tête assez large et une queue en forme de massue, ce qui devait être un très bon moyen de défense ! D'autres avaient une tête moins large et une longue queue sans masse ronde à l'extrémité. Imposants, ces « chars d'assaut » aux muscles puissants mangeaient tous de l'herbe et des plantes.

L'ankylosaure

Ce dinosaure était très impressionnant. Long de 6 m mais pas très haut, il possédait une queue terminée par deux sortes de boules très dures qui lui permettaient d'assommer ses ennemis ou de les faire fuir. Il était très lourd et se déplaçait lentement. Son corps était recouvert de plaques osseuses réparties sur une peau très épaisse. Cette cuirasse le protégeait des dents pointues des dangereux carnivores qui pouvaient l'attaquer par surprise.

L'acanthopholis

De forme trapue, avec une tête étroite, ce dinosaure portait des piquants très pointus situés surtout au niveau des épaules.

Le tyrannosaure était un de ces carnivores qui osaient s'attaquer aux dinosaures à piquants.

Le pinacosaure

Plus petit et plus léger que les autres dinosaures de la même famille, il se défendait également en donnant des coups avec sa queue, elle aussi terminée par une massue. Des cônes osseux recouvraient son dos et sa queue. Ses dents étaient petites et fragiles. Il devait manger des végétaux tendres.

SUR LES TRACES DES DINOSAURES

Pendant 160 millions d'années, les dinosaures ont vécu sur la Terre quand les continents étaient encore attachés. Cela explique l'existence de dinosaures semblables dans deux parties du monde aujourd'hui séparées par un océan. Puis ils ont disparu, il y a 65 millions d'années, laissant derrière eux des traces enfouies dans le sol que l'on découvre peu à peu et que l'on étudie depuis le XVIIIe siècle. En analysant les squelettes de ces animaux, leurs empreintes et leurs nids, on a pu les classer et déterminer leur mode de vie.

Découverte de fossiles

Les scientifiques cherchent les fossiles de dinosaures dans des roches sédimentaires. Quand ils ont découvert, enregistré et photographié un fossile, ils le dégagent avec des outils de précision et une infinie patience, puis ils l'emportent au laboratoire avec délicatesse afin de l'étudier à l'aide de divers procédés.

Conservation

De nombreux squelettes ont pu être reconstitués. Les plus impressionnants sont ceux des dinosaures géants, comme le diplodocus, que l'on peut admirer dans certains musées.

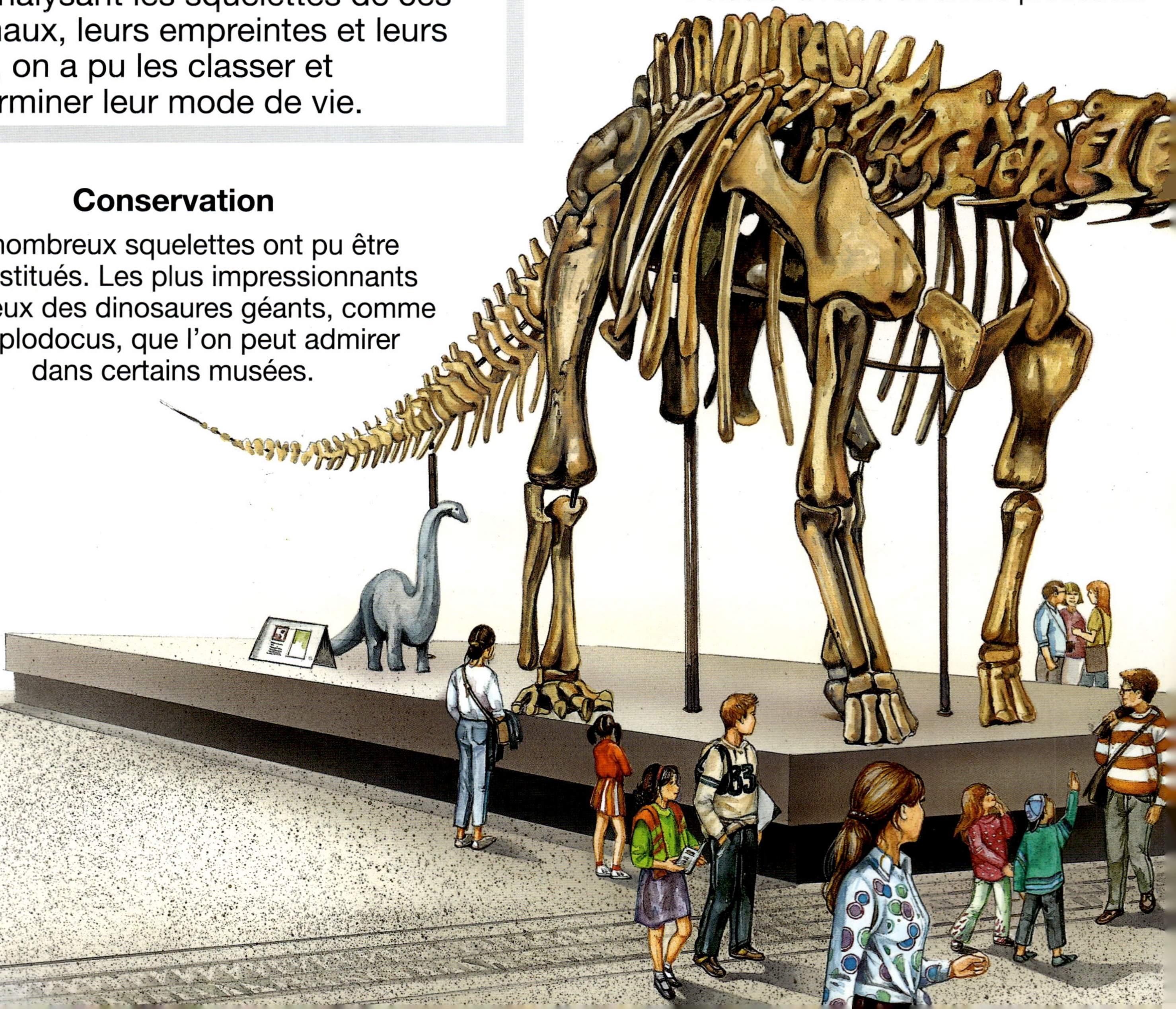

Pour être conservé à travers les siècles, un animal doit être recouvert de sédiments. Si, après sa mort, un dinosaure est entraîné dans le fond d'un lac ou d'une rivière, sa chair s'y décompose.

Son squelette est peu à peu recouvert par les particules sédimentaires de la vase et du sable.

Progressivement, ces particules pénètrent dans les moindres interstices de l'os et modifient sa matière. L'os devient de la pierre.

Des millions d'années plus tard, l'érosion et les mouvements de l'écorce terrestre font affleurer les squelettes enfouis.

La disparition des dinosaures

Plusieurs hypothèses ont été émises : la chute d'une météorite sur la Terre aurait envoyé dans l'atmosphère un nuage de poussière, voilant la lumière du soleil et entraînant la mort de la végétation, des animaux herbivores qui en dépendaient, puis des animaux carnivores. Ou bien des volcans en activité pendant des milliers d'années auraient diffusé dans l'air des gaz toxiques. Ou encore un refroidissement brusque du climat aurait surpris les dinosaures, qui n'auraient pu le supporter.

Les traces de dinosaures

Certains paléontologues s'intéressent plus particulièrement aux traces fossiles, marques de pas, de dents, de nids ou d'excréments, laissées par les dinosaures. Grâce à l'étude des nids, on émet des hypothèses sur le comportement des dinosaures envers leurs petits.

LES ANIMAUX PRÉHISTORIQUES

Conception
Émilie BEAUMONT

Texte
Agnès VANDEWIELE

Images
MIA - Betti FERRERO

LES PREMIERS POISSONS

Les premiers poissons, apparus il y a 450 millions d'années, n'avaient ni mâchoires, ni nageoires, ni écailles. Ils nageaient en faisant onduler leur colonne vertébrale. Pour se nourrir, ils aspiraient de minuscules corps flottant dans l'eau. Tout changea quand vinrent les poissons munis de mâchoires : ils mangèrent des aliments plus gros, devinrent plus grands et les espèces se multiplièrent. Des poissons primitifs sans mâchoires, il ne reste plus de nos jours que les myxines et les lamproies.

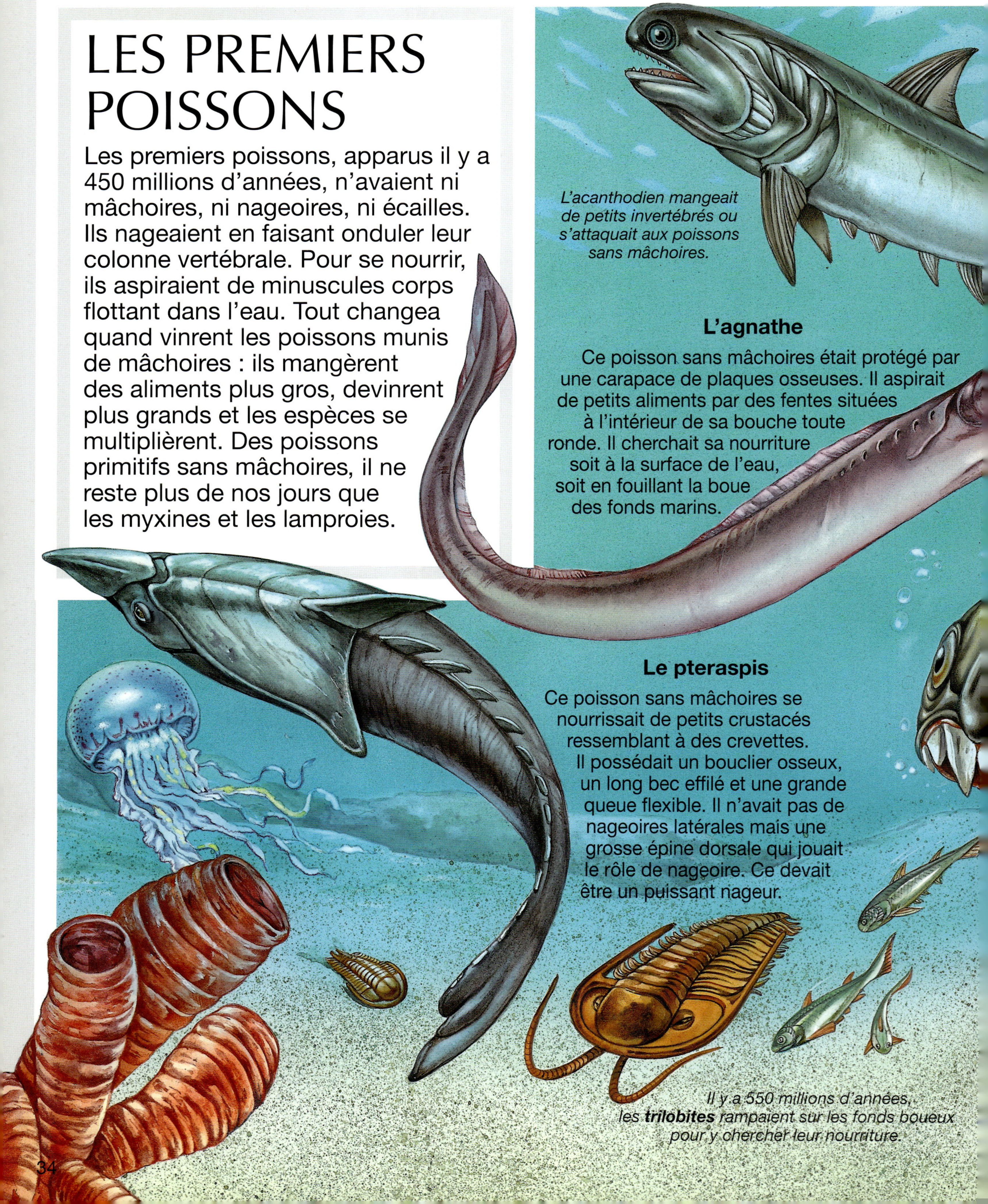

L'acanthodien mangeait de petits invertébrés ou s'attaquait aux poissons sans mâchoires.

L'agnathe

Ce poisson sans mâchoires était protégé par une carapace de plaques osseuses. Il aspirait de petits aliments par des fentes situées à l'intérieur de sa bouche toute ronde. Il cherchait sa nourriture soit à la surface de l'eau, soit en fouillant la boue des fonds marins.

Le pteraspis

Ce poisson sans mâchoires se nourrissait de petits crustacés ressemblant à des crevettes. Il possédait un bouclier osseux, un long bec effilé et une grande queue flexible. Il n'avait pas de nageoires latérales mais une grosse épine dorsale qui jouait le rôle de nageoire. Ce devait être un puissant nageur.

*Il y a 550 millions d'années, les **trilobites** rampaient sur les fonds boueux pour y chercher leur nourriture.*

L'acanthodien

On le surnomme requin épineux, car il avait de solides piquants le long des nageoires. C'est le premier poisson à mâchoires. Il nageait près de la surface de l'eau ou à mi-profondeur.

Le dunkleosteus

Ce poisson recouvert d'une cuirasse d'os était un monstre mesurant de 4 à 7 m. Il se déplaçait comme une anguille et mordait ses proies avec les arêtes osseuses et coupantes qui lui servaient de dents. Celles-ci pouvaient atteindre 50 cm.

Le cœlacanthe

Cette espèce, que l'on croyait éteinte depuis 80 millions d'années, existe encore aujourd'hui. C'est en 1938 que des pêcheurs des Comores en retrouvèrent un spécimen.

Le cœlacanthe mesure environ 1,80 m et vit entre 500 et 1 000 m de profondeur.

LES PREMIERS INSECTES

Les premiers insectes apparus sur terre n'avaient pas d'ailes. Les plus anciens que nous connaissons étaient de petites bêtes à six pattes de 1 cm de long. Ces insectes vivaient au sol et se nourrissaient de plantes en décomposition. En cas de danger, ils s'enfuyaient en faisant des bonds. C'est il y a 360 millions d'années, dans l'humidité des grandes forêts marécageuses, qu'apparaissent les premiers insectes ailés, qui volent ou planent. On a retrouvé des fossiles de ces insectes dans des gisements de charbon.

L'arthropleura

Cet énorme mille-pattes mesurait environ 2 m de long. C'était le plus grand des animaux de cette espèce. Pour se nourrir, il rongeait la végétation en décomposition sur le sol des forêts marécageuses.

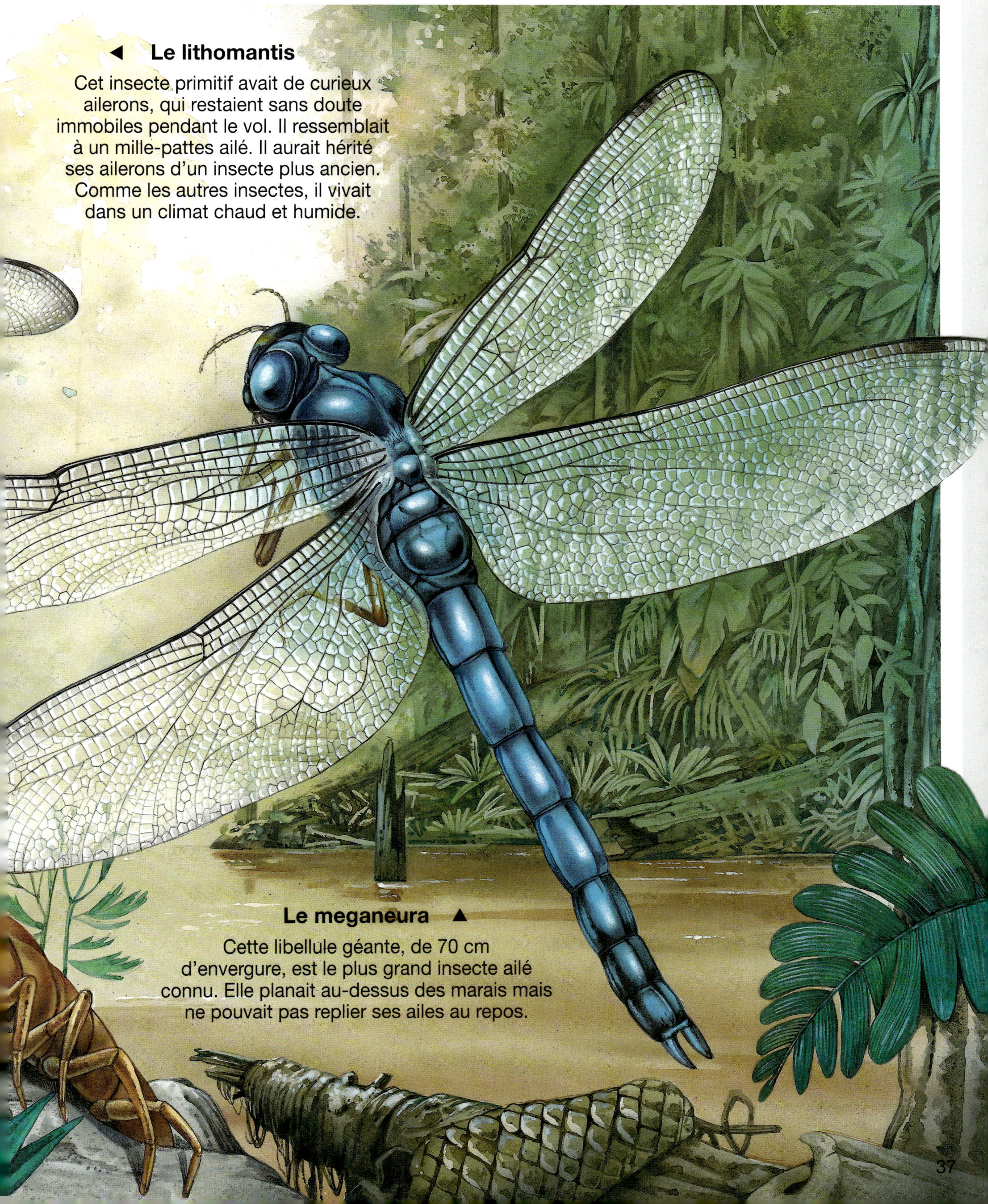

◄ Le lithomantis

Cet insecte primitif avait de curieux ailerons, qui restaient sans doute immobiles pendant le vol. Il ressemblait à un mille-pattes ailé. Il aurait hérité ses ailerons d'un insecte plus ancien. Comme les autres insectes, il vivait dans un climat chaud et humide.

Le meganeura ▲

Cette libellule géante, de 70 cm d'envergure, est le plus grand insecte ailé connu. Elle planait au-dessus des marais mais ne pouvait pas replier ses ailes au repos.

LES PREMIERS AMPHIBIENS

Les amphibiens sont des animaux pouvant vivre dans l'eau et sur terre. Leurs ancêtres sont des poissons qui ont quitté l'eau, sans doute pour ne pas être dévorés par d'autres poissons ou parce que les marais où ils vivaient s'asséchaient. Pour s'adapter à la vie sur terre, ils ont développé des poumons afin de respirer et des pattes pour se déplacer. Ces premiers vertébrés terrestres pondaient leurs œufs dans l'eau comme les poissons. Leurs descendants actuels sont les grenouilles, les crapauds et les salamandres.

Le diplovertébron

Il mesurait 60 cm et vivait dans des lacs il y a plus de 400 millions d'années. On a retrouvé des fossiles de cette espèce dans des gisements de charbon d'Europe centrale.

◄ Le mastodonte

Cet énorme amphibien avait un crâne très plat, long de 1,25 m et percé de grandes orbites. On pense qu'il restait la plupart du temps dans l'eau et qu'il nageait bien. Ses pattes étaient frêles et le gênaient pour marcher sur la terre ferme.

Le cyclotosaure

Long de 4,30 m, il avait la taille d'un crocodile. Ses pattes étaient trop faibles pour lui permettre de ramper sur terre. Pour se déplacer, son corps pesant devait être porté par l'eau.

L'ichtyostège

C'est le premier amphibien connu. Il vivait le plus souvent dans les mares et les cours d'eau, mais il était aussi capable de se déplacer sur terre.

La forte queue de l'ichtyostège, munie d'une nageoire, augmentait sa vitesse quand il poursuivait des poissons.

L'éryops

Ce grand amphibien de 2 m vivait sur terre et dans l'eau. Il devait se dandiner maladroitement comme les crocodiles. Ses pattes étaient si courtes que son ventre traînait sur le sol. Il se nourrissait de plantes aquatiques, de petits amphibiens et de mollusques.

À son époque, l'éryops était le plus gros des animaux terrestres. Il n'avait donc pas d'ennemis et pouvait se chauffer tranquillement au soleil.

LES PREMIERS REPTILES

Les premiers reptiles, qui vivaient il y a 300 millions d'années, descendaient des amphibiens. Ils s'adaptèrent encore mieux à la vie hors de l'eau en pondant directement sur terre des œufs entourés d'une coquille dure. À leur naissance, les amphibiens ressemblaient à des têtards. Les petits reptiles, en sortant de l'œuf, étaient déjà formés comme leurs parents. Ils respiraient avec des poumons et avaient de petites pattes à cinq doigts. Plus tard apparurent tortues, lézards et crocodiles.

Le dimétrodon

Avec ses canines en forme de poignard, ce monstre carnivore pouvait dévorer des proies aussi grosses que lui. Sur son dos, une voile de peau de 1 m de haut, parcourue de vaisseaux sanguins, lui servait à contrôler la température de son corps.

◄ Le platéosaure

Mesurant 7 m de long, ce dinosaure primitif était le premier herbivore de grande taille. Il vivait en troupeau et parcourait de grandes distances dans des espaces désertiques à la recherche de nourriture. Il marchait à quatre pattes mais devait se redresser pour attraper les feuilles des arbres, qu'il arrachait grâce à ses dents pointues.

Le scaphonyx

Le scaphonyx mesurait 1,80 m de long et pesait environ 90 kg. Sa tête était munie d'un bec et ses mâchoires en forme de pince ne portaient pas de dents. En revanche, des sortes de lames à l'intérieur de sa gueule lui permettaient de broyer sa nourriture. On pense qu'il mangeait des fruits enveloppés d'une épaisse coque.

Le cynognathus

Le cynognathus était un animal féroce de la taille d'un loup, qui mesurait entre 1 et 2 m de long. Il pouvait ouvrir très grande sa mâchoire garnie d'incisives coupantes à l'avant, de canines pointues et de dents broyeuses à l'arrière.

Les restes du cynognathus que l'on a retrouvés en Afrique du Sud nous montrent que son crâne et ses dents ressemblent à ceux des chiens actuels.

LES REPTILES NAGEURS

Il y a 80 millions d'années, certains reptiles terrestres sont retournés vivre dans l'eau, d'où venaient leurs ancêtres. Pour s'adapter à la vie aquatique, ils ont transformé leurs pattes en nageoires et leur cou s'est allongé pour happer facilement les poissons. Ce sont les plésiosaures ou lézards-cygnes. D'autres ont adopté la forme fuselée des poissons. Ce sont les ichtyosaures ou lézards-poissons. Ces monstres marins semèrent la terreur dans les océans. Aujourd'hui, le seul survivant des reptiles nageurs est la tortue de mer.

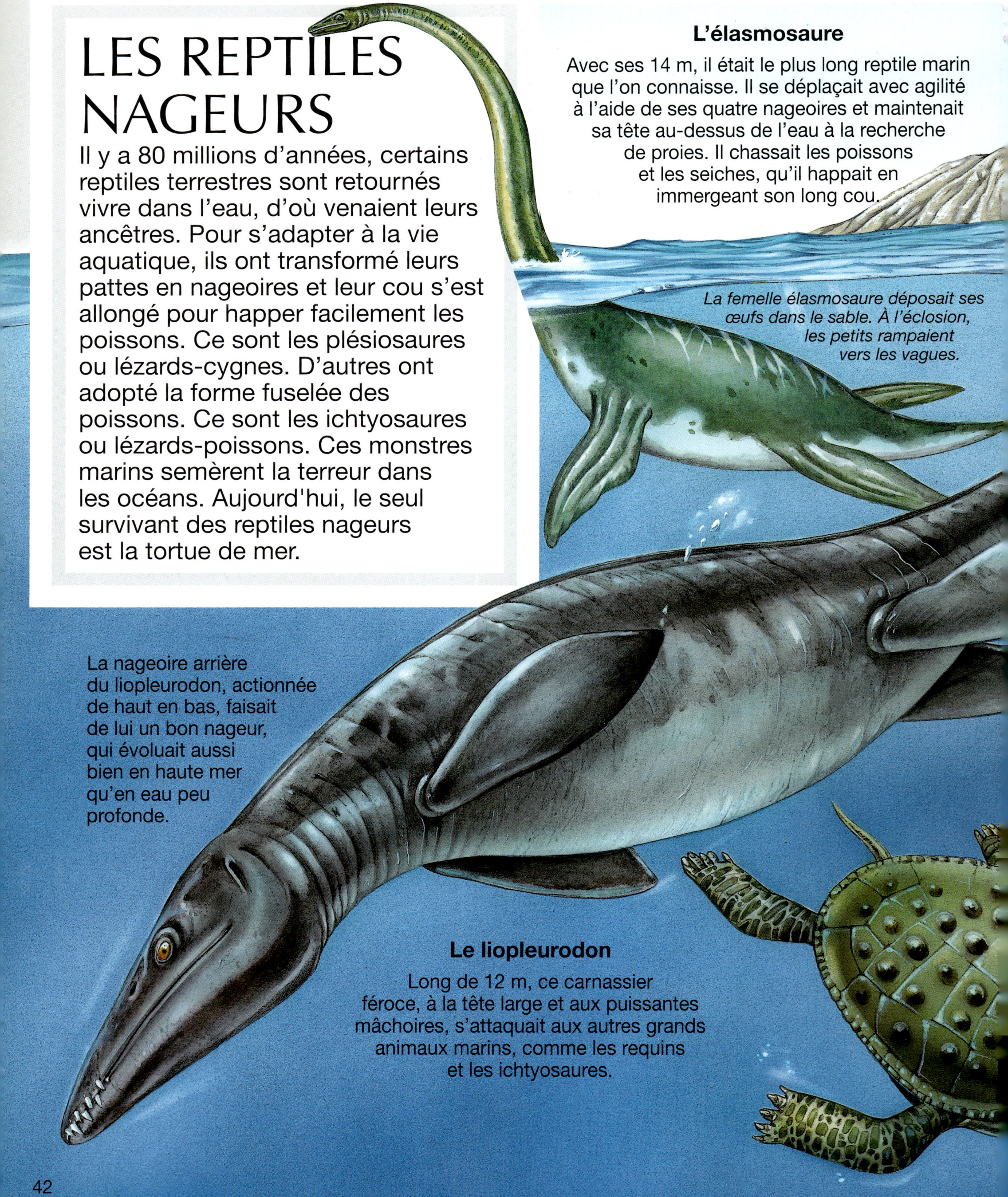

L'élasmosaure

Avec ses 14 m, il était le plus long reptile marin que l'on connaisse. Il se déplaçait avec agilité à l'aide de ses quatre nageoires et maintenait sa tête au-dessus de l'eau à la recherche de proies. Il chassait les poissons et les seiches, qu'il happait en immergeant son long cou.

La femelle élasmosaure déposait ses œufs dans le sable. À l'éclosion, les petits rampaient vers les vagues.

La nageoire arrière du liopleurodon, actionnée de haut en bas, faisait de lui un bon nageur, qui évoluait aussi bien en haute mer qu'en eau peu profonde.

Le liopleurodon

Long de 12 m, ce carnassier féroce, à la tête large et aux puissantes mâchoires, s'attaquait aux autres grands animaux marins, comme les requins et les ichtyosaures.

Le pistosaure

Grâce à des membres en forme de pagaie et à une allure hydrodynamique, il nageait facilement et devait passer la majeure partie de son temps dans l'eau. Ses mâchoires longues et effilées, munies de dents pointues, permettaient à ce chasseur au long cou et au corps allongé d'attraper facilement du poisson.

Le pistosaure appartient au groupe le plus ancien des reptiles redevenus marins.

L'ichtyosaure

Ressemblant à un poisson actuel, il était le reptile marin le mieux adapté à la vie aquatique. L'ichtyosaure nageait très vite, fendant l'onde à plus de 40 km/h. Il se servait de ses nageoires pour se diriger et de sa queue pour se propulser. Il plongeait pour attraper des poissons et des calmars, mais il respirait avec des poumons et ne pouvait donc pas rester longtemps sous l'eau. Ses yeux énormes et très sensibles lui permettaient de chasser des proies, même dans l'obscurité. Comme chez les mammifères, la femelle gardait ses petits dans son ventre jusqu'à l'éclosion puis les mettait au monde dans l'eau, déjà tout formés.

Le placochélys

Son corps plat et large, protégé par des plaques dures et bosselées, et ses membres en pagaie faisaient de ce petit reptile un animal bien adapté au milieu aquatique. Il se nourrissait essentiellement de coquillages, qu'il arrachait aux rochers grâce à son bec.

LES REPTILES VOLANTS

Il y a 200 millions d'années, des lézards vivant dans les arbres se sont risqués à sauter d'un arbre à l'autre. C'était le début des ptérosaures ou « lézards ailés ». Leurs ailes étaient membraneuses et leur corps couvert d'une sorte de fourrure. Les premiers reptiles volants avaient des ailes étroites, des dents et une queue. Puis apparurent les ptérodactyles, plus légers, sans dents ni queue, munis de longues ailes. Le plus grand, le quetzalcoatlus, mesurait 10 à 12 m d'envergure, autant qu'un petit avion !

Le ptéranodon

Déployées, ses ailes pouvaient atteindre 8 m d'envergure, mais son corps n'était pas plus gros que celui d'une dinde et pesait moins de 20 kg. La longue crête osseuse de sa tête lui permettait de s'orienter quand il volait. Il planait au-dessus de la mer et pêchait des poissons avec son bec.

Les ailes du ptéranodon étaient fragiles. Si elles se déchiraient, il ne pouvait plus se déplacer et mourait de faim.

◄ Le podoptéryx

Ce lézard, ancêtre des ptérosaures, portait une large membrane tendue entre son corps et ses pattes, qui lui permettait de planer. Plus tard, les membranes sont devenues des ailes et les pattes se sont adaptées au vol.

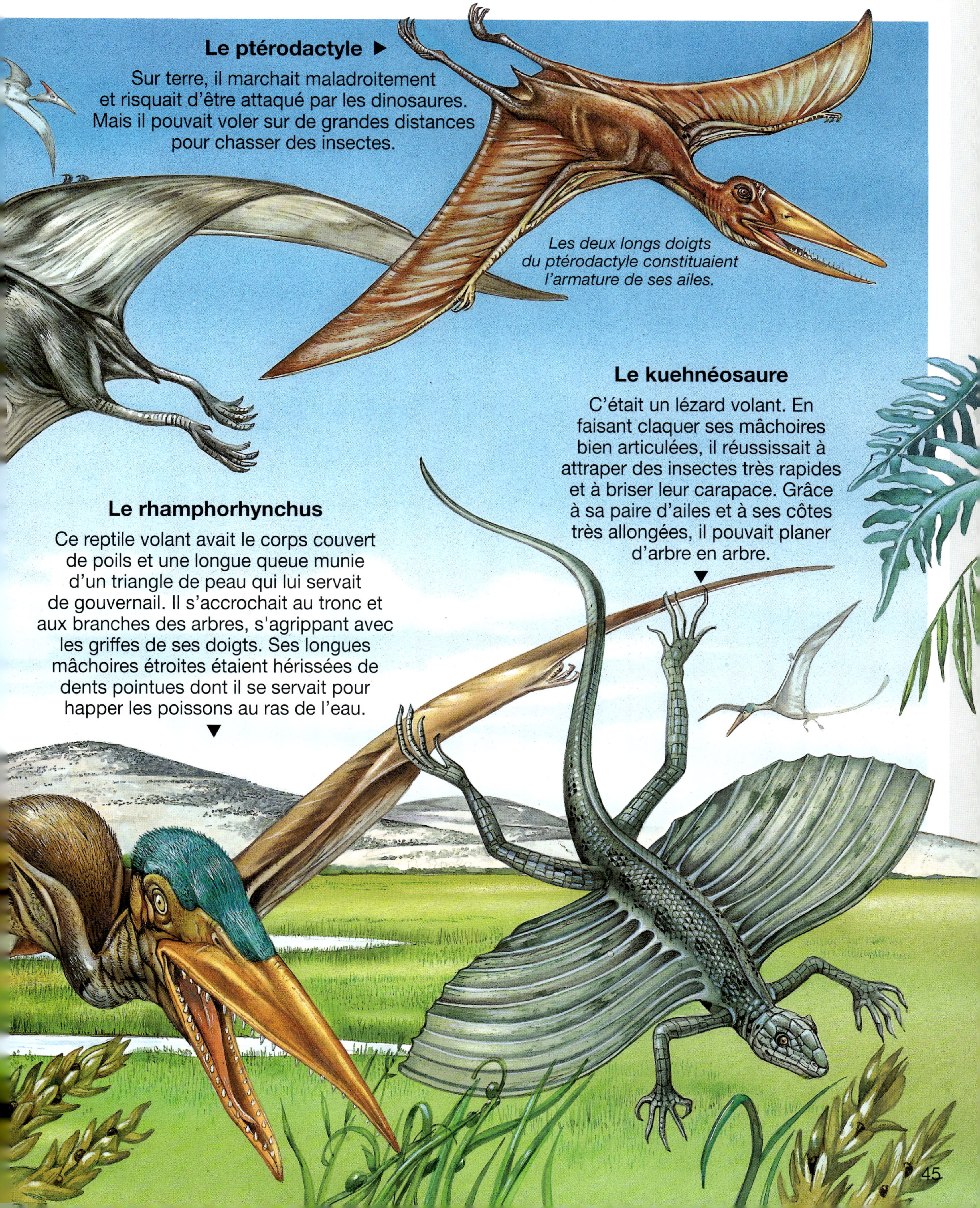

Le ptérodactyle ▶

Sur terre, il marchait maladroitement et risquait d'être attaqué par les dinosaures. Mais il pouvait voler sur de grandes distances pour chasser des insectes.

Les deux longs doigts du ptérodactyle constituaient l'armature de ses ailes.

Le kuehnéosaure

C'était un lézard volant. En faisant claquer ses mâchoires bien articulées, il réussissait à attraper des insectes très rapides et à briser leur carapace. Grâce à sa paire d'ailes et à ses côtes très allongées, il pouvait planer d'arbre en arbre.

▼

Le rhamphorhynchus

Ce reptile volant avait le corps couvert de poils et une longue queue munie d'un triangle de peau qui lui servait de gouvernail. Il s'accrochait au tronc et aux branches des arbres, s'agrippant avec les griffes de ses doigts. Ses longues mâchoires étroites étaient hérissées de dents pointues dont il se servait pour happer les poissons au ras de l'eau.

▼

LE RÈGNE DES MAMMIFÈRES

Les premiers mammifères étaient de tout petits animaux, gros comme des musaraignes. Ils vivaient au temps des dinosaures et se cachaient dans la végétation basse pour leur échapper. L'un des plus anciens mesurait 10 cm. Quand les dinosaures disparurent pour des raisons encore incertaines, les mammifères se multiplièrent, changèrent de forme et grandirent. Tous ces mammifères mettaient directement leurs petits au monde, comme ceux d'aujourd'hui, et les nourrissaient du lait contenu dans leurs mamelles.

Le megatherium

Ce paresseux géant de 6 m de haut se dressait sur ses pattes arrière pour manger les feuilles des arbres. Il les mâchait avec ses dents en forme de cheville. Les griffes de ses pattes lui servaient à incliner les branches jusqu'à son museau, à déterrer les racines et à se défendre. Sa disparition serait récente, datant de la fin de l'âge glaciaire, il y a 11 000 ans.

L'eohippus

C'est l'ancêtre du cheval. Il mesurait environ 30 cm de haut. Ses pattes avant avaient quatre doigts et ses pattes arrière trois. Avec ses dents, il ne pouvait manger que du feuillage tendre.

Le macrauchenia

À peu près de la taille d'un chameau, il avait une trompe comme les éléphants. Habitant près des marécages, on pense qu'il mangeait des plantes aquatiques qu'il allait chercher sous l'eau avec son long cou. Il devait aussi brouter du feuillage et de l'herbe.

Le syntéthocéras

Le mâle possédait trois cornes recouvertes de peau dont une, dédoublée à son extrémité, située au bout de son museau. Elles lui servaient dans les combats contre ses ennemis. Cet animal vivait en troupeau.

Le glyptodon

Il était protégé par une énorme carapace et mesurait près de 3 m de long. En cas de danger, il rentrait sa tête dans sa carapace. En balançant sa queue hérissée de pointes, il pouvait lacérer ses ennemis. Le glyptodon se nourrissait de plantes, d'insectes et de vers.

LES PREMIERS OISEAUX

Les reptiles volants étaient lourds et leurs ailes membraneuses fragiles. Grâce à l'apparition des plumes, les oiseaux ont gagné le ciel et remplacé les lézards. Leurs ailes étaient plus légères et les plumes abîmées repoussaient. Leur squelette et leurs membres se sont peu à peu adaptés pour mieux voler. Le premier oiseau connu ressemblait à un petit dinosaure coureur, avec des ailes et une longue queue osseuse. Plus tard sont apparus des oiseaux marins munis de dents et des oiseaux coureurs à longues pattes.

Le diatryma ▶

Le bec acéré et les pattes griffues de cet oiseau de 2 m de haut laissent croire qu'il était un puissant prédateur. Des scientifiques pensent cependant que cet oiseau aux ailes atrophiées vivait au sol et se nourrissait de plantes.

◀ Le moa

C'est le plus gros oiseau qui ait jamais existé. Il pouvait mesurer plus de 4 m mais ne volait pas. Il vivait en Nouvelle-Zélande, se nourrissant de graines et de fruits. Lorsque les hommes s'installèrent dans cet archipel, ils incendièrent les forêts et chassèrent les moas, qui disparurent.

◄ L'archéoptéryx

Il vivait il y a 100 millions d'années. De la taille d'un corbeau, il avait des plumes comme les oiseaux actuels, mais une queue beaucoup plus longue. Il devait se nourrir de poissons morts échoués sur le rivage des lacs et d'insectes, qu'il attrapait avec ses griffes pointues. L'archéoptéryx ne pouvait pas voler, il devait planer en se lançant du haut d'un arbre. Pour échapper aux dinosaures carnivores, il bondissait sur ses pattes.

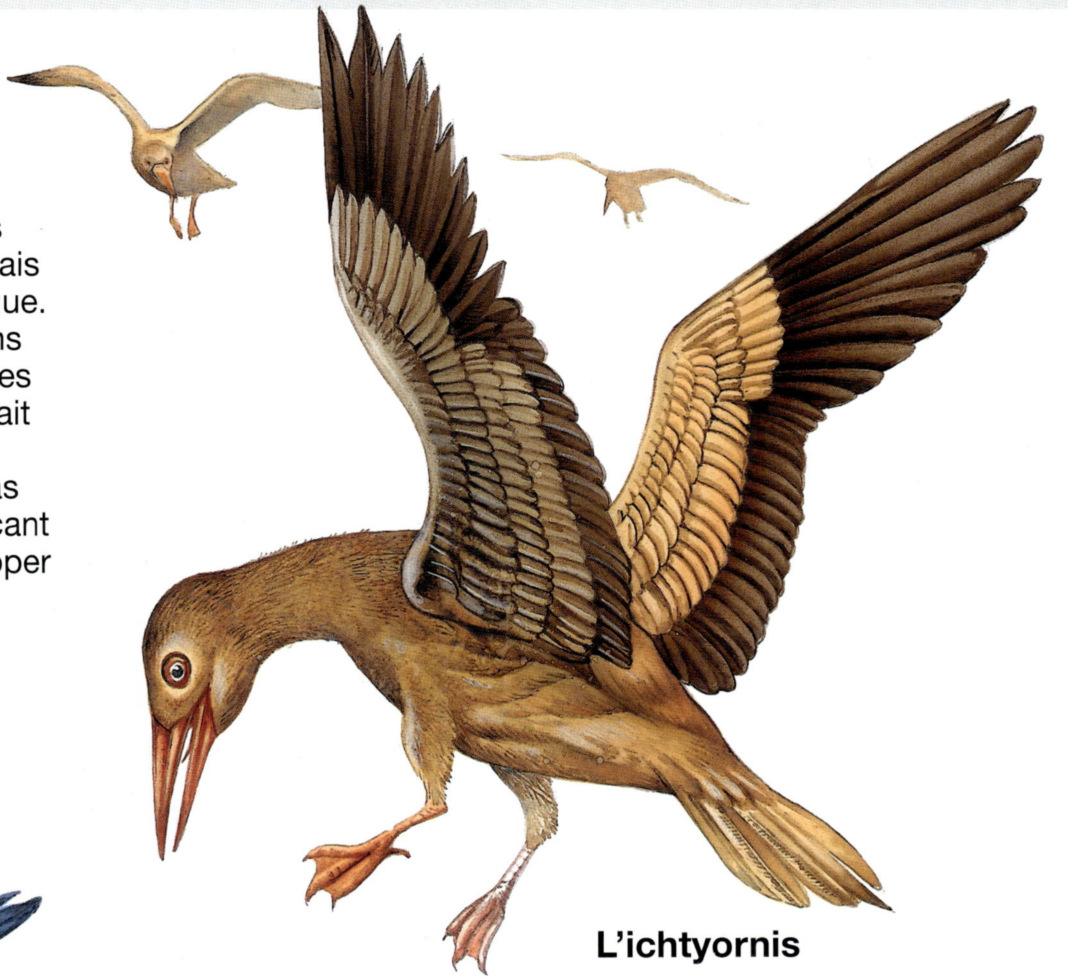

L'ichtyornis

Cet oiseau aux longues ailes devait très probablement voler. Ses mâchoires étaient munies de dents et il mangeait des poissons.

L'hespéronis ►

Ce gros oiseau plongeur de plus de 1 m attrapait des poissons et des pieuvres à l'aide de son long bec pointu et les retenait avec ses dents. Ses petites ailes ne lui permettaient pas de voler et il ne pouvait pas marcher facilement. En revanche, grâce à ses pattes palmées, il évoluait facilement dans l'eau, où il passait le plus clair de son temps.

LES PREMIERS RHINOCÉROS

Les premiers rhinocéros, qui vivaient il y a environ 50 millions d'années, étaient petits et n'avaient pas de cornes. Ils étaient bâtis comme des chevaux. Peu à peu, ils donnèrent naissance à d'énormes animaux, comme le baluchitherium, un des plus grands mammifères terrestres. Quand les rhinocéros à cornes apparurent, ils se répandirent sur de nombreux continents : Amérique du Nord, Asie et Afrique. En Europe, ils ont survécu jusqu'à l'époque des hommes préhistoriques. On trouve leurs descendants actuels en Asie et en Afrique.

Le baluchitherium

Ce géant mesurait presque 6 m de haut et 8 de long ! Il mangeait des feuilles au sommet des arbres, sans doute 1 t de végétaux par jour ! Il devait peser 30 t, soit deux fois plus que le plus grand mammouth connu ! Malgré ce poids, on pense qu'il était assez agile. C'est sans doute l'évolution climatique qui, en transformant la forêt tropicale en savane, a provoqué la disparition du baluchitherium, mort sans descendance.

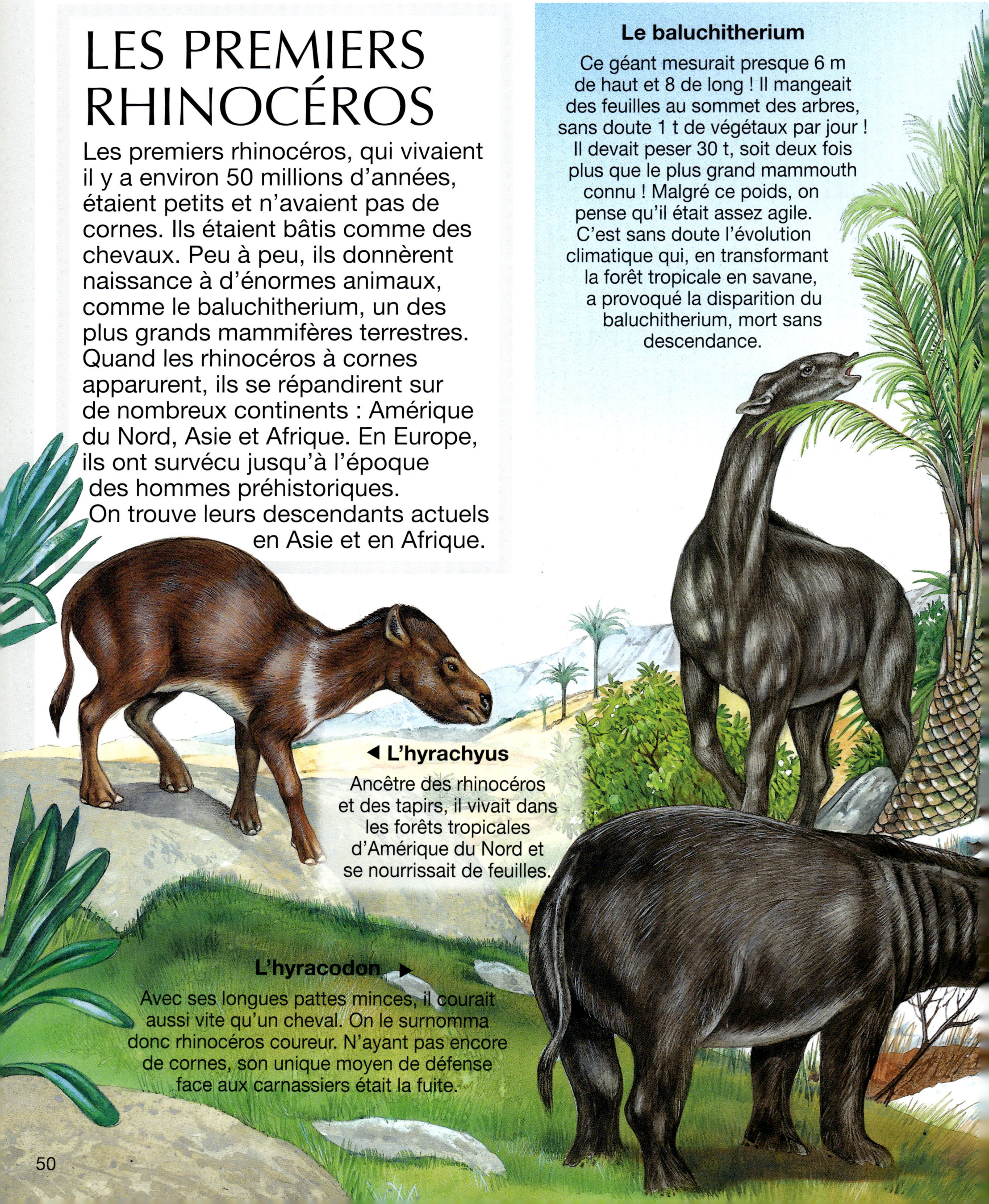

◄ L'hyrachyus

Ancêtre des rhinocéros et des tapirs, il vivait dans les forêts tropicales d'Amérique du Nord et se nourrissait de feuilles.

L'hyracodon ►

Avec ses longues pattes minces, il courait aussi vite qu'un cheval. On le surnomma donc rhinocéros coureur. N'ayant pas encore de cornes, son unique moyen de défense face aux carnassiers était la fuite.

L'elasmotherium

Ce rhinocéros de 5 m de long était aussi gros qu'un éléphant actuel. Il broutait l'herbe dans les prairies du nord de l'Europe. Sa taille imposante et sa corne de 2 m décourageaient les prédateurs.

Souvent représenté sur les parois des cavernes, le rhinocéros laineux était chassé par les hommes préhistoriques. On a retrouvé des rhinocéros laineux intacts, figés dans des blocs de glace.

Le rhinocéros laineux

Il vivait dans les forêts d'Europe et d'Asie à l'époque glaciaire. Son épaisse toison rousse le protégeait du froid et il réchauffait l'air qu'il respirait à travers le conduit de ses narines. Grâce à sa bosse remplie d'une réserve de graisse, il pouvait survivre pendant les hivers les plus rigoureux.

LES ANCÊTRES DES FAUVES

Les ancêtres des fauves sont apparus il y a 50 millions d'années. Ces grands félins avaient les canines de la mâchoire supérieure très développées, en forme de sabre. Pour tuer leurs proies, ils leur assénaient d'abord un coup vigoureux grâce aux muscles puissants de leur cou, puis ils les poignardaient en enfonçant leurs canines dans la chair. On a retrouvé dans des lacs de bitume, aux États-Unis, des milliers de restes fossilisés de ces fauves. Attirés par les grands herbivores pris au piège, ils s'y sont englués à leur tour.

Le smilodon

Dénommé « tigre aux dents de sabre », le smilodon était le plus féroce des mammifères. Il vivait sur le continent américain. Il se servait de ses canines pointues et recourbées de 20 cm de long pour mordre ses victimes. Il pouvait s'attaquer aux mammouths, aux éléphants, aux bisons et aux cerfs. Il était plus petit qu'un lion mais, avec ses pattes, il arrivait à immobiliser ses proies. Il ouvrait largement ses mâchoires et déchirait des morceaux de viande avec ses « sabres ».

▼

Les longues canines du smilodon étaient faites pour entailler la chair tendre du cou et des flancs des gros animaux qu'il attaquait.

▲ Le machairodus

Ce félin, qui avait également des dents en forme de sabre, était un terrible carnassier vivant en Europe et en Chine. Ses canines supérieures avaient un bord crénelé et elles étaient longues de 10 à 14 cm ; c'étaient de véritables poignards. Quand sa gueule était fermée, elles dépassaient de chaque côté des mâchoires. En revanche, ses canines inférieures n'étaient pas très développées. Heureusement, sinon il aurait eu beaucoup de mal à fermer sa gueule. Le machairodus s'attaquait surtout aux antilopes et aux hipparions, ancêtres plus évolués des chevaux.

MAMMOUTHS

En 1900, deux chasseurs d'élans ont découvert en Sibérie le corps d'un énorme animal pris dans la glace : c'était un mammouth. On en a ensuite retrouvé beaucoup d'autres en parfait état, conservés de façon identique. Certains même avaient encore de l'herbe dans la gueule ! Pendant près de 2 millions d'années, ils vécurent en Sibérie, dans le nord de l'Amérique et de l'Europe. Il y a 10 000 ans, ils disparurent, englués dans les lacs de bitume recouverts d'eau où ils étaient venus se désaltérer, tués par des chasseurs ou victimes du réchauffement du climat. Ils sont les ancêtres des éléphants.

Une grande famille

Les mammouths, originaires d'Afrique, se répandirent progressivement dans tout l'hémisphère Nord. Ils s'adaptèrent au froid et se couvrirent d'une fourrure dense. Il y en eut plusieurs espèces. Le plus typique, le mammouth laineux, vivait en troupeau en Sibérie et en Alaska. Il avait une épaisse toison, avec des poils de 50 cm, et mangeait la végétation des plaines glacées. Il portait derrière la tête une bosse de graisse qui lui servait de réserve de nourriture pour les hivers les plus rudes.

Le mammouth se servait de ses défenses d'ivoire, recourbées en spirale de plus de 2,50 m, pour combattre, mais aussi pour se frayer un chemin dans la forêt ou la neige. Les hommes préhistoriques utilisaient les défenses des mammouths pour la charpente de leurs huttes, qu'ils recouvraient de peau.

Portrait d'un mammouth

Il y a 30 000 ans, les hommes de Cro-Magnon ont dessiné, sur les parois des grottes, des animaux comme les mammouths. On a découvert dans la grotte de Rouffignac, en France, 126 représentations de mammouths.

Les plus grands mammouths furent le mammouth impérial d'Amérique (3,70 m de haut) et, en Europe centrale, le mammouth trogontheri (4,50 m de haut).

La chasse

Les hommes préhistoriques chassaient le mammouth pour se nourrir. Ils creusaient des fosses et les recouvraient de branchages. Une fois le mammouth tombé dans le piège, ils l'achevaient avec des épieux.

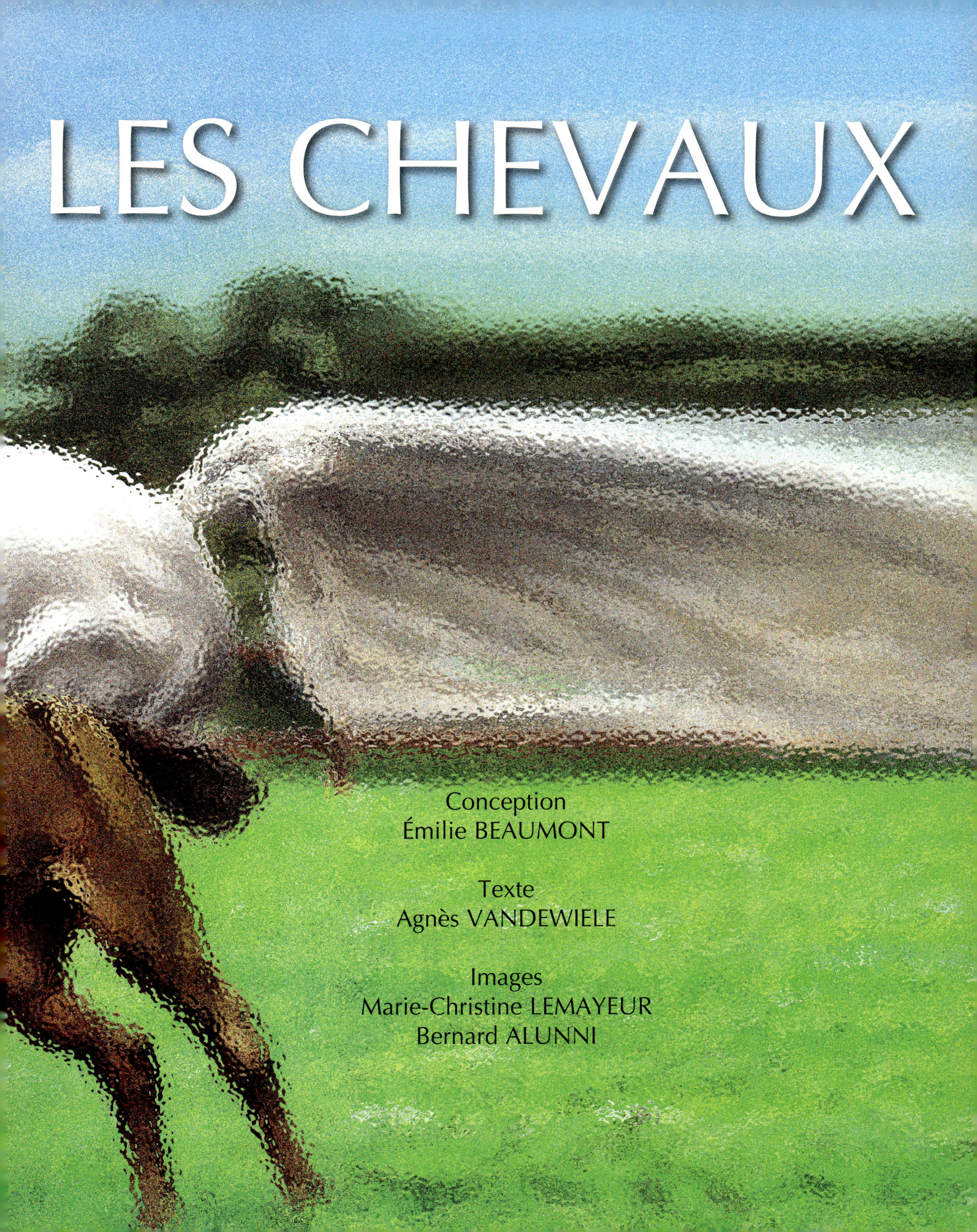

LES CHEVAUX

Conception
Émilie BEAUMONT

Texte
Agnès VANDEWIELE

Images
Marie-Christine LEMAYEUR
Bernard ALUNNI

LES ORIGINES ET LES MYTHES

Les eohippus, ancêtres des chevaux, mesuraient entre 25 et 50 cm. Progressivement, leur taille s'est développée. Il y a 38 millions d'années, ils n'avaient plus que trois doigts au lieu de quatre. Certains broutaient du feuillage, d'autres de l'herbe. Au cours de leur évolution, leurs membres se sont allongés et leur course s'est faite plus rapide. Celui qui ressemblait le plus au cheval actuel était l'equus caballus, apparu il y a un million d'années. D'Amérique il a colonisé l'Asie et l'Europe, étant à l'origine des races de chevaux existant aujourd'hui.

Les chevaux de Lascaux

Les hommes préhistoriques, qui d'abord chassaient le cheval, l'ont peu à peu apprivoisé. Il y a 17 000 ans, l'homme de Cro-Magnon a peint des fresques de chevaux dans la grotte de Lascaux, en France. Ces chevaux primitifs ressemblent beaucoup aux descendants de l'equus caballus, qui vivaient encore à l'état sauvage en Mongolie au XIXe siècle. On peut voir ces chevaux dits de Przewalski, dont la race est aujourd'hui protégée, dans des zoos. Ils sont petits, avec une tête massive et un cou épais.

L'eohippus

C'est l'ancêtre du cheval. Il n'était pas plus grand qu'un renard ! Ses membres antérieurs portaient quatre doigts, les postérieurs seulement trois. Il ressemblait certainement plus à un daim qu'à un cheval. Grâce à son pelage sombre et zébré, il se dissimulait facilement pour échapper aux prédateurs. Au cours de son évolution, cet ancêtre du cheval a grandi et n'a plus marché que sur un ongle, pour devenir equus caballus.

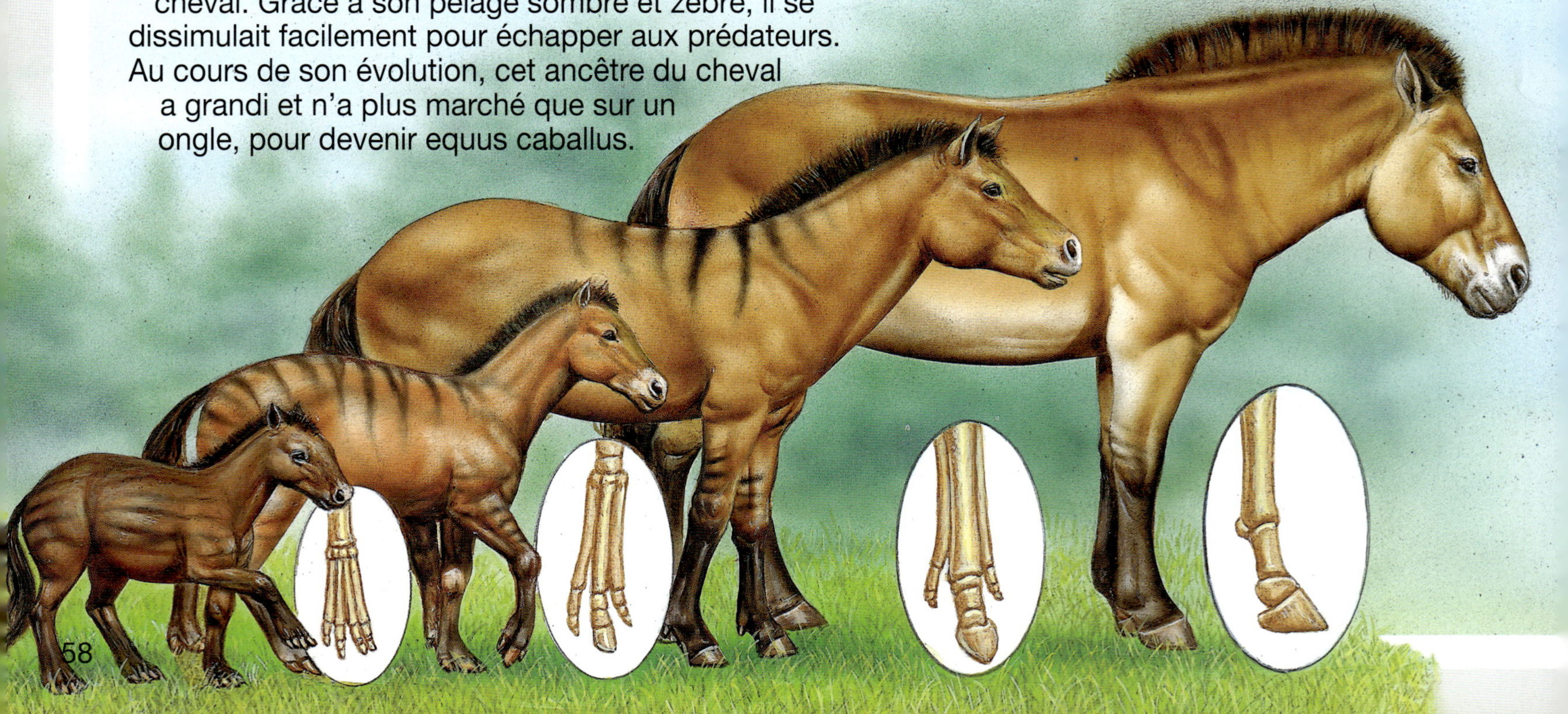

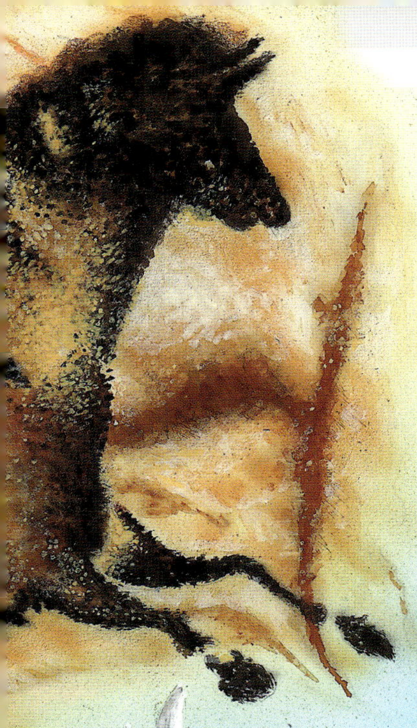

Le Centaure

On raconte que les Grecs, attaqués par des guerriers à cheval, crurent que le cavalier et sa monture ne faisaient qu'un seul être, mi-homme mi-cheval. On voit ainsi apparaître dans les mythes et les légendes ces monstres, appelés Centaures. Leur corps et leurs jambes de cheval sont surmontés d'un buste, de bras et d'une tête d'homme. Ils vivent dans les forêts et les montagnes et se nourrissent de chair crue.

Pégase

Pégase est un autre cheval de la mythologie grecque. Quand le héros Persée décapite Méduse, monstre au corps de femme et à la chevelure de serpent, du sang qui s'écoule naît Pégase, le cheval ailé. Il est capturé par Bellérophon, roi de Corinthe, qui lui passe autour du cou une bride d'or. Bellérophon, chevauchant Pégase, vainc la Chimère, un autre monstre tenant du lion, de la chèvre et du dragon. Mais quand Bellérophon s'élance pour escalader l'Olympe, Zeus, le roi des dieux, le désarçonne. Pégase devient alors la monture de Zeus, qui en fait une constellation.

Les premiers cavaliers

On pense que le cheval a commencé à être domestiqué vers le IVe millénaire avant J.-C., dans les steppes de l'Asie centrale et de la Mongolie. Mais ce n'est sans doute qu'au cours du IIe millénaire que les pasteurs nomades s'en sont servis comme monture dans leurs déplacements à la recherche de nouveaux pâturages pour leurs troupeaux. Les cavaliers ont d'abord mis sur le dos du cheval une peau de bête ou une couverture, qui a été remplacée vers l'an 500 avant J.-C. par une selle avec des étriers.

Cette sculpture en céramique date du XIIIe siècle avant notre ère. Le cavalier est assis sur la croupe du cheval.

L'ANATOMIE ET LES SOINS

Le cheval d'écurie demande des soins attentifs. Chaque jour, on doit le panser, c'est-à-dire faire sa toilette, changer sa litière, le faire travailler au moins une heure et demie et, après l'exercice, le bouchonner, c'est-à-dire le frictionner avec une poignée de paille pour qu'il ne prenne pas froid. Le cheval aime la compagnie et apprécie les visites quotidiennes. Sans le sortir, on peut lui parler, le caresser, lui apporter des friandises comme une pomme. Ainsi, il apprend à reconnaître l'odeur et la voix de son maître.

Le pansage

Le pansage est la toilette quotidienne du cheval, que l'on effectue pour une question d'esthétique et d'hygiène. Il permet de déceler les blessures ou les moindres problèmes de peau. C'est un moment qu'apprécie le cheval. On le brosse avec une étrille qui décolle la boue, on enlève la poussière avec une brosse dure, appelée bouchon, puis on lustre son poil avec une brosse douce.

L'alimentation

Au pré, le cheval mange diverses variétés d'herbe fraîche laissant les plantes toxiques et celles qu'il aime moins. À l'écurie, on le nourrit de céréales (avoine, orge, maïs, son), de graines de soja et de lin, et de fourrage (foin, paille). En plus de tous ces aliments, le cheval mange des carottes, des pommes et des granulés. Le sucre lui apporte de l'énergie. La pierre à sel, qu'il lèche, lui procure minéraux et vitamines. Comme le cheval a un petit estomac, il vaut mieux lui donner trois à cinq repas par jour. Entre les repas, il mange du foin. Le cheval boit entre 30 et 50 l d'eau par jour.

Les maladies

Si le cheval se roule sur le dos en transpirant beaucoup, c'est le signe de maux de ventre appelés coliques. Il faut alors lui injecter un calmant et le mettre à la diète. Pour éviter qu'il ait des parasites, on lui administre des vermifuges. Un cheval qui a une nourriture trop abondante et une activité physique insuffisante peut souffrir d'une fourbure, infection au pied. Dans ce cas il boite, il a de la fièvre. Son sabot est chaud et douloureux. Le vétérinaire et le maréchal-ferrant doivent intervenir très rapidement.

On se sert de différents peignes pour peigner en douceur la queue et la crinière et démêler les crins. Pour débarrasser les pieds du cheval de la boue et des cailloux, on utilise un cure-pied. Il faut curer les sabots avant et après chaque sortie. Enfin, on passe une éponge humide sur le visage et sous la queue du cheval.

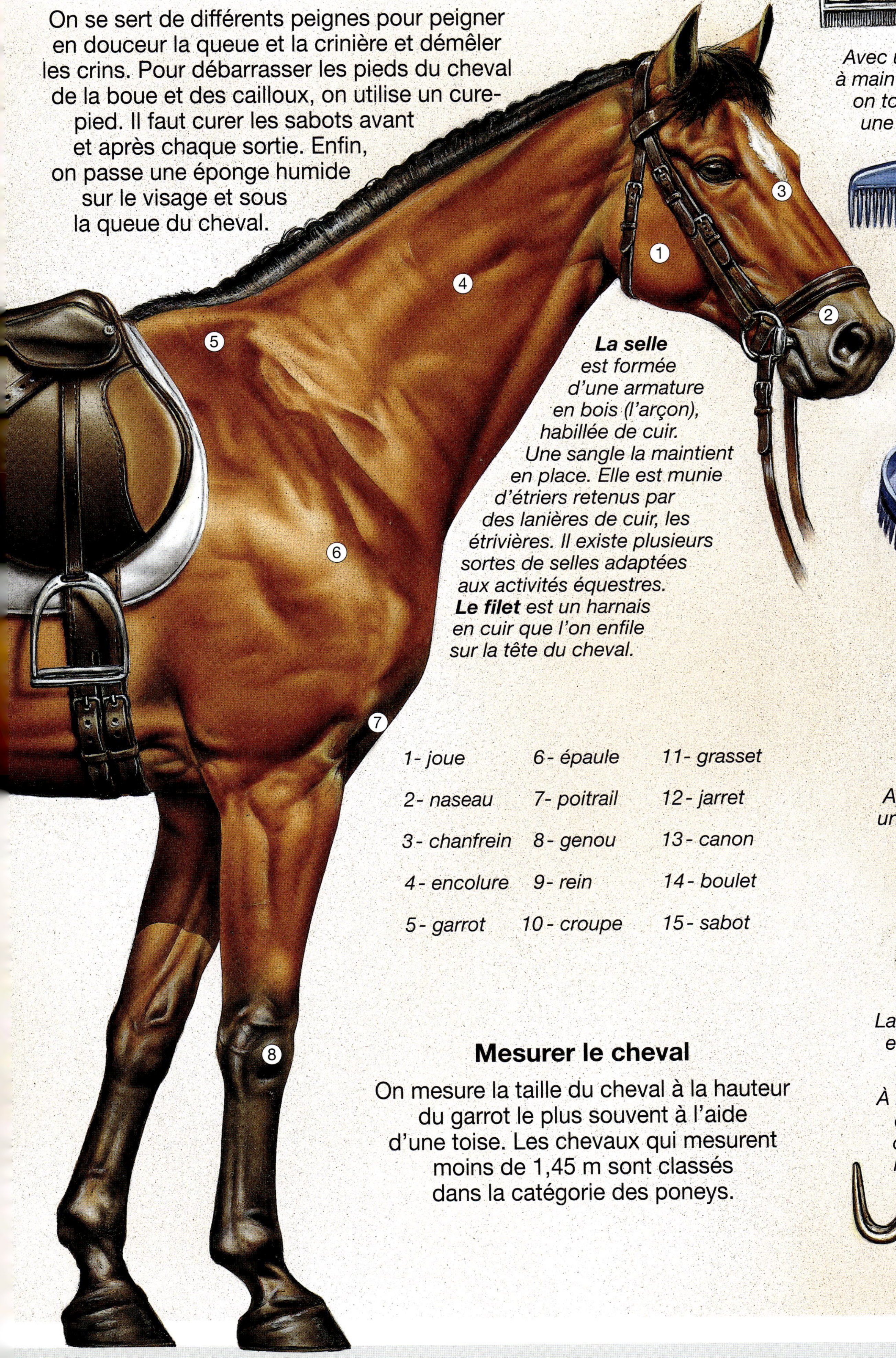

La selle est formée d'une armature en bois (l'arçon), habillée de cuir. Une sangle la maintient en place. Elle est munie d'étriers retenus par des lanières de cuir, les étrivières. Il existe plusieurs sortes de selles adaptées aux activités équestres.
Le filet est un harnais en cuir que l'on enfile sur la tête du cheval.

1- joue
2- naseau
3- chanfrein
4- encolure
5- garrot
6- épaule
7- poitrail
8- genou
9- rein
10- croupe
11- grasset
12- jarret
13- canon
14- boulet
15- sabot

Mesurer le cheval

On mesure la taille du cheval à la hauteur du garrot le plus souvent à l'aide d'une toise. Les chevaux qui mesurent moins de 1,45 m sont classés dans la catégorie des poneys.

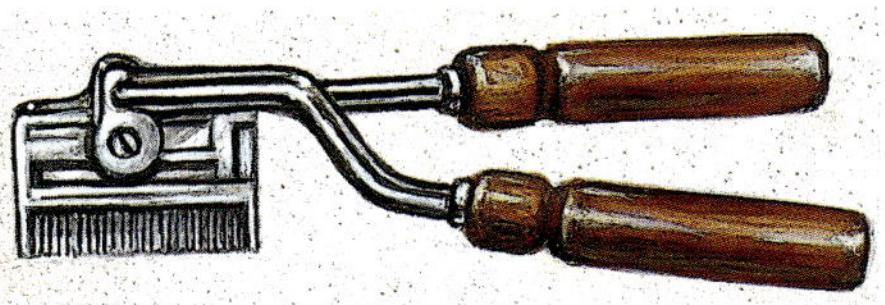

Avec une tondeuse à main ou électrique, on tond le cheval une fois par an.

Les peignes servent à égaliser et à coiffer la crinière et la queue.

On décrotte le poil avec une étrille.

Après l'étrille, on passe un coup de brosse dure, appelée bouchon.

La brosse douce permet enfin de lustrer le poil.

À l'aide d'un cure-pied, on nettoie les pieds du cheval en évitant les zones sensibles.

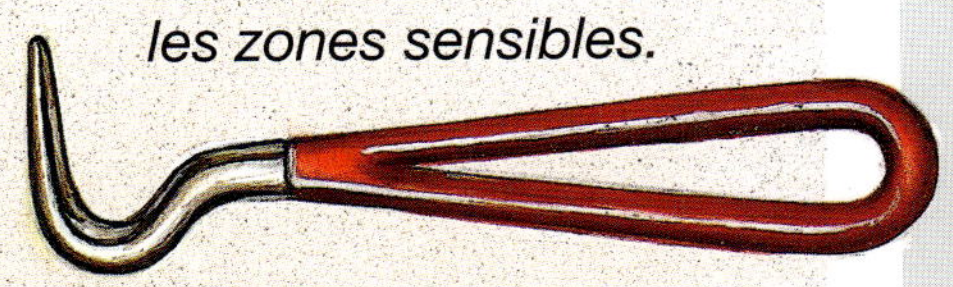

DES RACES

On peut classer les chevaux en deux catégories. Les chevaux légers sont destinés à la selle pour les promenades ou les compétitions. Vifs et nerveux, ils peuvent atteindre de grandes vitesses. Les autres chevaux, lourds et plus trapus, sont dits de trait. Calmes et dociles, capables de tirer de lourdes charges, ils sont originaires des régions où l'herbe est abondante, car ce sont de gros mangeurs. Selon les races, les chevaux sont de taille variable. Le plus grand dépasse 1,80 m au garrot. La naissance d'un cheval de race est consignée dans le livre généalogique de la race à laquelle il appartient. On dit qu'il a des « papiers ».

Profil rectiligne, tête dite carrée

Profil bombé, tête dite busquée

Profil creux, tête dite camuse

Profil renflé, tête dite de rhinocéros

Le tête du cheval, très expressive, est un élément de sa beauté. Les profils diffèrent selon les races.

Le lipizzan

Il est élevé au haras de Lipica en Slovénie. C'est le cheval de la célèbre école d'équitation autrichienne, l'École espagnole de Vienne, où le dressage est poussé à la perfection. Le lipizzan dépasse rarement 1,55 m. Il a de magnifiques yeux noirs.

Le pur-sang anglais

Cette race établie au début du XVIIIe siècle résulte du croisement de juments de race anglaise avec des étalons arabes. C'est le cheval de course par excellence, le plus rapide du monde. On le voit sur tous les hippodromes.

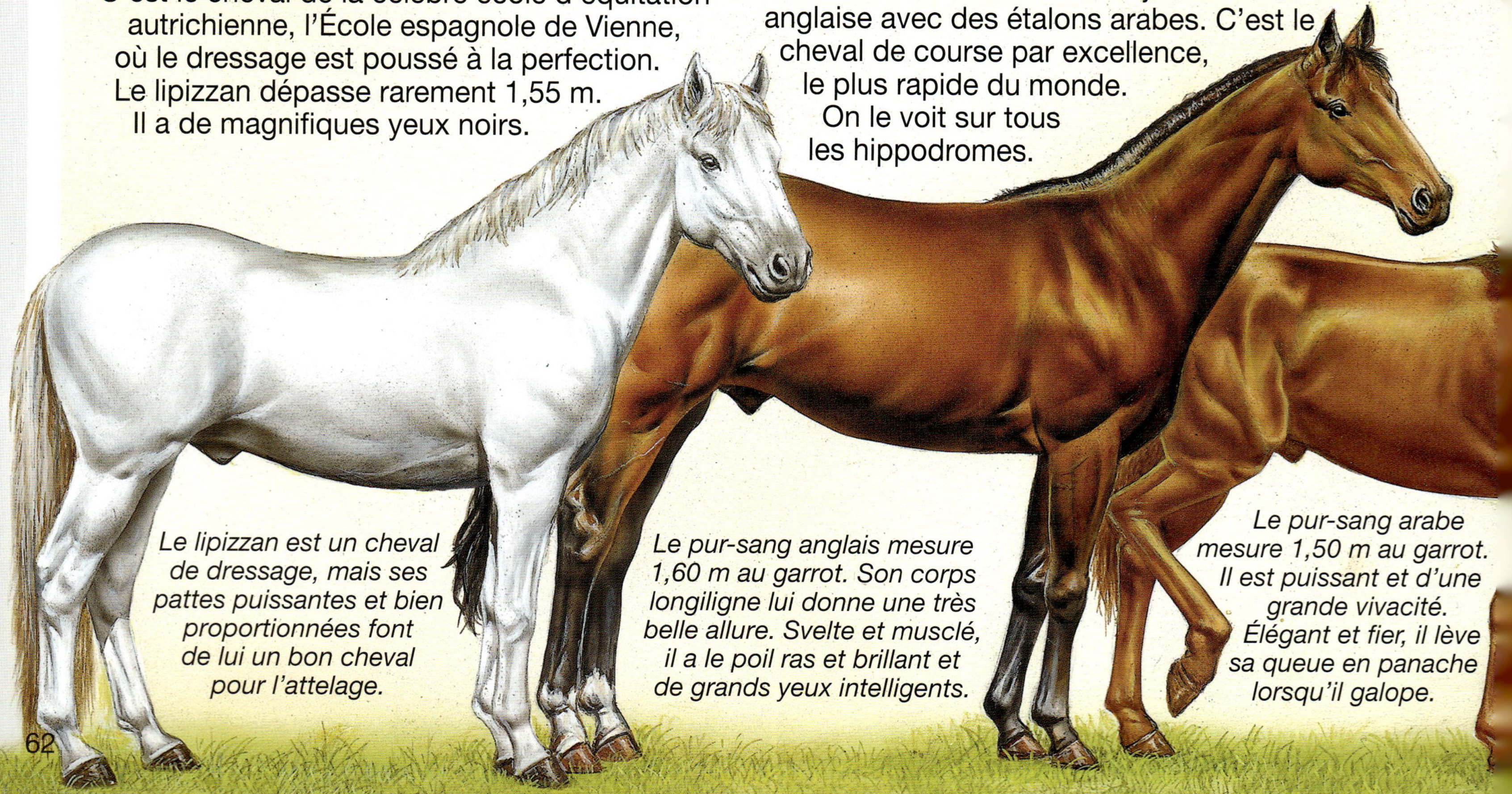

Le lipizzan est un cheval de dressage, mais ses pattes puissantes et bien proportionnées font de lui un bon cheval pour l'attelage.

Le pur-sang anglais mesure 1,60 m au garrot. Son corps longiligne lui donne une très belle allure. Svelte et musclé, il a le poil ras et brillant et de grands yeux intelligents.

Le pur-sang arabe mesure 1,50 m au garrot. Il est puissant et d'une grande vivacité. Élégant et fier, il lève sa queue en panache lorsqu'il galope.

Le shire

Ce haut cheval de trait, originaire d'Angleterre, mesure 1,80 m au garrot. Il est souvent de robe noire et de longs poils recouvrent ses sabots.

Le percheron

Originaire du Perche en France, il a une encolure musclée, une large poitrine et mesure 1,70 m au garrot.

Très élégant mais puissant, le shire est un magnifique cheval d'attelage.

Docile et gentil, le percheron est le cheval de trait le plus populaire du monde.

Le percheron doit son élégance et la forme de sa tête à ses ancêtres arabes. En effet, cette race est issue des croisements entre chevaux normands et arabes au retour des croisades.

Le pur-sang arabe

C'est une des plus anciennes races. Son élevage s'est développé en Orient et dans le désert d'Arabie. Compagnon fidèle des Bédouins, il fut découvert par les occidentaux lors des croisades.

Le holstein

Ce cheval élevé en Allemagne a souvent été croisé avec des pur-sang.

L'appaloosa

C'est un cheval tacheté originaire d'Amérique. Il n'y a pas un cheval semblable à un autre. La race a été élevée par une tribu d'Indiens, qui ainsi pouvaient reconnaître de loin un cavalier, à la chasse et au combat.

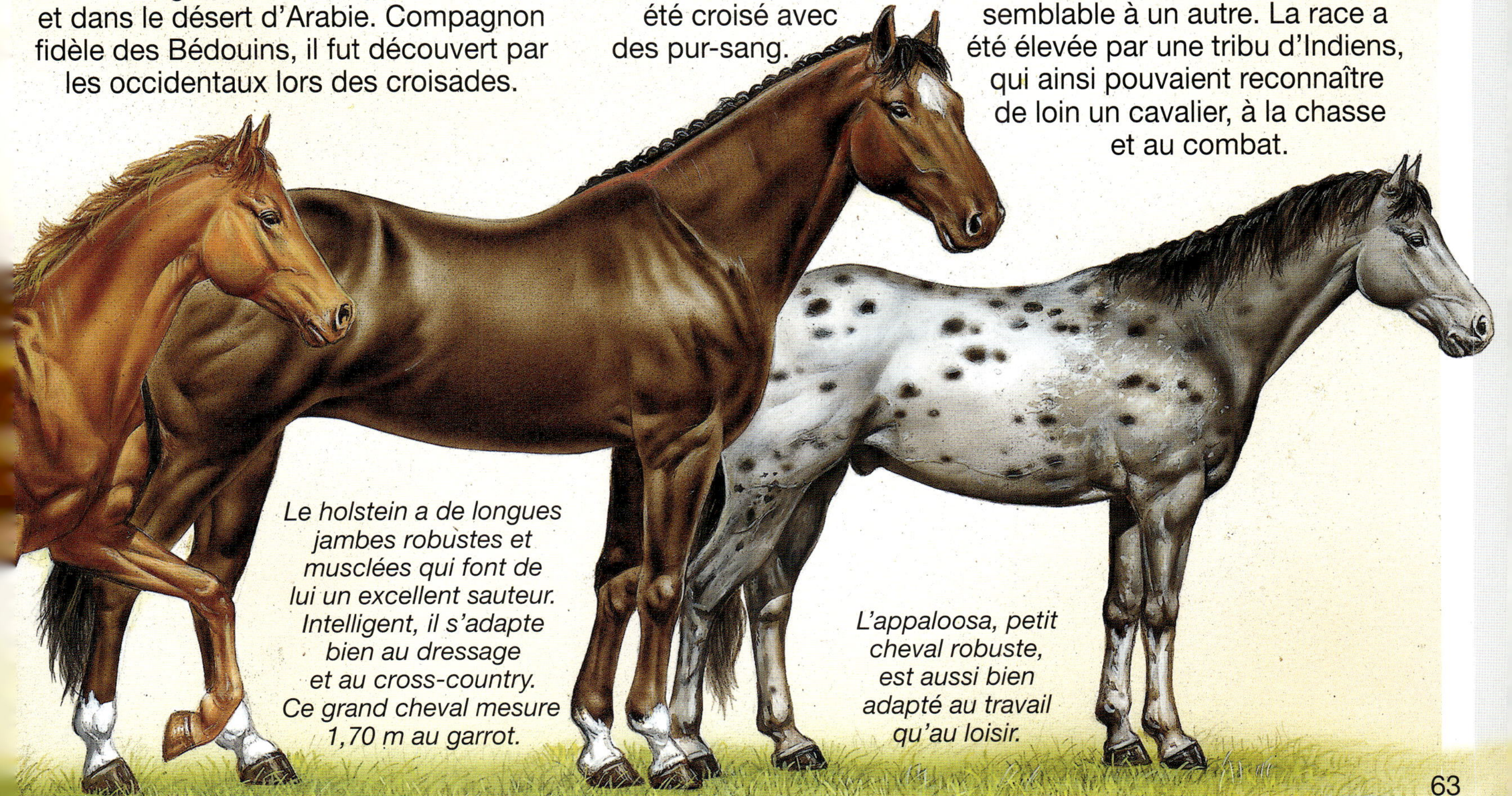

Le holstein a de longues jambes robustes et musclées qui font de lui un excellent sauteur. Intelligent, il s'adapte bien au dressage et au cross-country. Ce grand cheval mesure 1,70 m au garrot.

L'appaloosa, petit cheval robuste, est aussi bien adapté au travail qu'au loisir.

DES PONEYS

On appelle poneys les chevaux de petite taille, mesurant moins de 1,45 m au garrot. Originaires de régions arides, ces chevaux sont rustiques et très résistants. Les plus belles races se trouvent en Grande-Bretagne. Autrefois, beaucoup étaient utilisés pour porter de lourdes charges ou travailler dans les mines. Aujourd'hui, ce sont des montures idéales pour les enfants ou pour jouer au polo. Les poneys sont intelligents, fidèles et aiment la compagnie de l'homme. On compte une centaine de races de poneys dans le monde. Le plus petit est le falabella, qui mesure moins de 70 cm.

Le highland

Originaire d'Écosse, le highland est un poney assez grand : 1,20 m. Il est robuste et peut porter de lourdes charges. Il servait autrefois dans les mines d'étain et de plomb. On l'utilise aujourd'hui pour les attelages et les randonnées.

Docile et affectueux, le highland est aussi un excellent cheval de saut d'obstacles.

Le shetland

Ce petit poney de 1,05 m en moyenne est originaire des îles Shetland, au nord de l'Écosse. Sur ces îles, le climat est rude et la végétation rare. Aussi le shetland est-il un poney très robuste, qui n'exige pas une riche alimentation. Pour sa taille, il est le plus fort des chevaux : le shetland peut tirer plus de deux fois son propre poids.

Le connemara

Ce petit cheval irlandais est élevé en liberté dans les montagnes du Connemara, balayées par les vents. On l'a croisé avec des étalons andalous et arabes pour augmenter un peu sa taille.

Le halfinger

Ce petit cheval autrichien est le résultat d'un croisement entre des étalons arabes et de petites juments du Tyrol. C'est un poney robuste, doté d'une bonne musculature, ce qui fait de lui un excellent poney des montagnes. Il peut porter de lourds fardeaux sur des sentiers jusqu'à 5 000 m d'altitude.

Grâce à son pied très sûr, c'est un compagnon idéal pour faire de longues promenades. Excellent sauteur, il peut franchir des obstacles sans peine !

Doué d'un esprit vif, d'une grande mémoire, il apprécie la compagnie de l'homme. Il est facile de communiquer avec lui, car il est très sensible aux paroles.

Le dartmoor

Résistant, il s'adapte aux conditions climatiques les plus rudes : froid, vent. Il mesure moins de 1,30 m mais peut porter une charge de 75 kg sur son dos. Doux et familier, il est souvent monté par les enfants. C'est aussi un bon poney pour jouer au polo et faire des randonnées.

L'islandais

Ce cheval venu avec les premiers occupants de l'Islande a acquis dans cette île au climat très rigoureux une exceptionnelle rusticité. Il mange peu et réclame peu de soins. De plus il est très agréable à monter. Sa crinière et sa queue sont abondantes et son sens de l'orientation quasiment infaillible.

LE POULAIN

La jument porte son poulain pendant onze mois. La naissance a souvent lieu au printemps et la jument n'a qu'un seul petit à la fois. Pendant les premières semaines de sa vie, le poulain se nourrit exclusivement de lait maternel ; il boit entre 2,5 et 5 l de lait par jour. Dès la fin du premier mois, il commence à brouter de l'herbe et du foin. À 3 mois, on lui donne en outre de l'avoine et des céréales bouillies. On appelle « foal » le poulain jusqu'à 5 ou 6 mois, période du sevrage, où il est séparé de sa mère. À 18 mois, le cheval est prêt pour le début du dressage ; c'est le débourrage. Il ne devient adulte qu'entre 3 et 5 ans selon les races.

Les premiers pas

Très vite, le petit poulain essaie de se mettre debout. Il est très maladroit, avec ses jambes trop longues pour son corps, et doit faire plusieurs tentatives avant de réussir. Au bout d'une heure environ, le voici debout. Quatre heures plus tard, il galope déjà derrière sa mère !

La naissance

Quand la mise bas approche, la jument s'agite et se couche. Elle perd d'abord la poche des eaux qui protégeait le petit et lui apportait la nourriture dont il avait besoin. Puis, au rythme des contractions, le poulain apparaît : d'abord les sabots des pattes antérieures, suivis de la tête. La jument lèche le petit pour le sécher et le rassurer. En le léchant, elle s'imprègne de son odeur et lui transmet la sienne. La jument aide ensuite son petit à trouver ses deux mamelles pour qu'il puisse téter.

Le repas

Durant les premières semaines, le poulain tète très fréquemment et commence vite à brouter. À 1 mois, pour compléter le déjeuner maternel, il broute de plus en plus. Il apprend peu à peu à reconnaître les plantes toxiques. Il entreprend de jouer avec les autres poulains. À l'état sauvage, le sevrage a lieu lorsque la jument met bas un autre poulain, un an après.

Le divertissement

Aux premiers temps de sa vie, le poulain ne s'écarte pas de sa mère. Au début, il en est complètement dépendant et leur attachement reste très fort même après le sevrage. Le poulain ouvre de grands yeux pour observer tout ce qui l'entoure. Il est très joueur et fait des cabrioles pour exercer ses muscles et s'amuser.

COMPORTEMENT

Le cheval est un animal émotif et timide. Craintif, il sursaute au moindre bruit et une odeur inhabituelle le met en alerte. La peur peut provoquer chez lui des réactions violentes. En cas de danger, son seul moyen de défense est la fuite. Ses sens sont toujours en éveil, car il a longtemps eu de nombreux prédateurs. Ses pieds très sensibles le préviennent de la qualité du terrain. L'emplacement de ses yeux lui assure un champ de vision très étendu sur les côtés. Le cheval a une ouïe très fine, un odorat développé et une excellente mémoire auditive. Il reconnaît la voix de son cavalier et interprète sa volonté selon son intonation.

Quand ses oreilles se dressent, c'est que le cheval est attentif et curieux. L'œil grand ouvert symbolise la franchise.

Le langage des attitudes

Pour s'exprimer, le cheval adopte différentes attitudes. Elles s'accompagnent de hennissements, qui traduisent la joie, la colère ou la peur.

La harde

À l'état sauvage, les chevaux vivent en groupe de huit à douze animaux appelé harde. Le chef est un étalon prêt à se battre pour protéger juments et poulains. Quand le groupe se déplace, c'est une vieille jument expérimentée qui prend les grandes décisions et guide la harde vers les bons pâturages. Le chef surveille en restant à l'arrière.

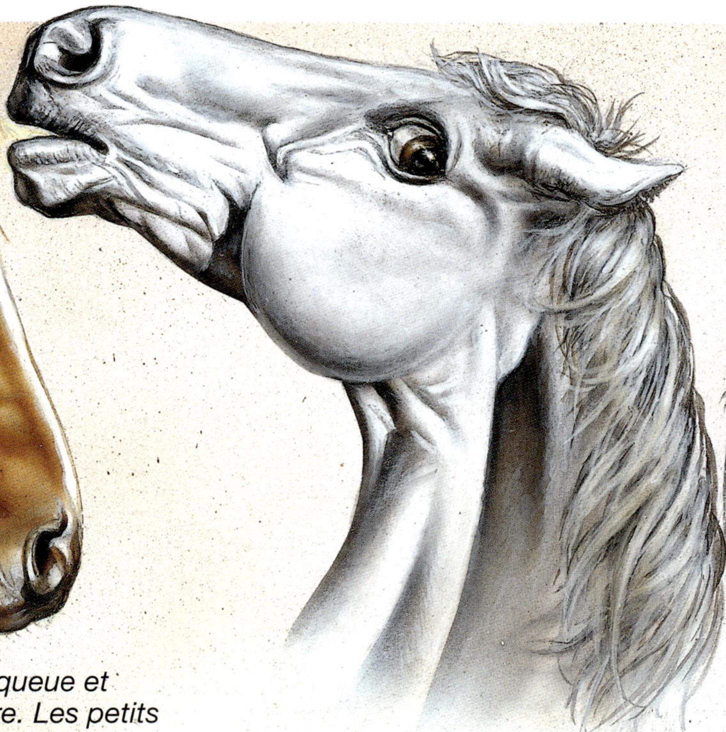

Le cheval irrité agite sa queue et couche ses oreilles en arrière. Les petits yeux sont signe d'entêtement.

S'il est effrayé ou inquiet, le cheval se cabre et dresse la tête. Ses naseaux sont dilatés, on voit le blanc de ses yeux.

Tête en l'air, lèvre supérieure retroussée, le cheval fait un « flehmen ». Ainsi, il flaire mieux les phéromones, messages chimiques envoyés par d'autres chevaux.

Dans un geste tendre, ces chevaux se débarrassent mutuellement des parasites en se grattant avec leurs dents.

Le combat

Les combats entre étalons sauvages sont spectaculaires. Le plus souvent, ils ont lieu lorsqu'un étalon de la harde s'approche d'un autre pour essayer de séduire une jument ou de détrôner le chef. Au départ, les étalons s'observent, se grandissent et se menacent de coups de sabot. Alors, le plus impressionnant chasse l'autre. Parfois, un vrai combat s'engage entre les étalons : dressés sur leurs postérieurs, ils essaient de mordre l'adversaire à la gorge ou à l'antérieur.

À l'issue du combat, le plus faible, vaincu, s'enfuit. Le vainqueur s'empare alors de la jument ou prend la tête de la harde.

AU TRAVAIL

Dès l'Antiquité, en Égypte et en Assyrie, on utilisait les chevaux pour faire la guerre et tirer les chars. Dans le domaine militaire, la cavalerie a été utilisée jusqu'au début du XXe siècle. Après 1918, les chevaux ont été remplacés par des véhicules à moteur. Avant l'apparition des automobiles, les chevaux tiraient les diligences, les tramways, les omnibus. Ils transportaient aussi les marchandises sur les routes, acheminaient le courrier et tiraient les wagonnets dans les mines. Les chevaux de marinier remorquaient les péniches le long des fleuves. On les voyait partout : dans les bois, les champs, la mer...

Un Indien et son travois

Pour transporter leurs bagages, les Indiens d'Amérique attelèrent à leurs chevaux une sorte de brancard appelé le travois. Quand la tribu levait le camp, on démontait les tipis et on utilisait les longues perches qui les soutenaient pour fabriquer les travois.

Les travaux agricoles

Jusqu'au début du XXe siècle, le cheval servait en Occident à tirer la charrue pour labourer, faire des semailles, récolter et transporter les produits de la terre. Aux États-Unis, d'énormes moissonneuses-batteuses étaient tirées par des attelages de 40 chevaux ! Puis le cheval a peu à peu été remplacé par le tracteur. On s'en sert encore pour biner entre les rangs de choux-fleurs, d'artichauts ou de vigne.

Lorsque le réseau des routes s'est amélioré au XVIIe siècle, les voitures à cheval se sont développées. Tirés par quatre ou six chevaux, coches et diligences emportaient à vive allure le courrier et les voyageurs.

Les perches du travois étaient placées en forme de V et reliées par des lanières de cuir.

Sur le chemin de halage

Avant le moteur, c'est la force des hommes et des chevaux qui halait les péniches sur les rivières et les canaux pour le transport des marchandises.

Le cheval de trait a une force spectaculaire. Son dos large et ses épaules se prêtent bien au port du collier, qui facilite la traction.

Les gardians de Camargue

C'est le nom des cow-boys du delta du Rhône, en France, ils gardent les troupeaux de taureaux noirs comme le faisaient leurs ancêtres. À califourchon sur leurs petits chevaux gris, armés d'un trident pour pousser le bétail, ils parcourent les marécages recouverts de roseaux. Ils comptent les animaux et marquent au fer rouge les veaux de l'année.

Les chevaux d'attelage étaient très sollicités, et donc changés régulièrement dans les relais. Aujourd'hui que les déplacements se font en véhicules motorisés, on attelle les chevaux pour des concours.

ÉQUITATION ET DRESSAGE

L'équitation savante consiste à faire exécuter au cheval des figures qui montrent ses qualités de souplesse et de légèreté, ainsi que sa parfaite entente avec son cavalier. Lorsque le dressage a atteint un haut degré, le cheval paraît évoluer naturellement, comme s'il était en liberté. L'école du Cadre noir perpétue la tradition équestre française. Pour dresser les chevaux, on les fait travailler à la longe, puis à la main, aux longues rênes et aux piliers avant de les monter. Il existe des concours de dressage et de saut d'obstacles.

La cabriole

Lorsque le cheval est en l'air, il lance une violente ruade. Ses postérieurs sont complètement tendus avant que ses membres antérieurs ne touchent le sol. C'est une figure classique, le plus parfait des sauts, combinaison de la croupade et de la courbette.

Le saut d'obstacles

Il nécessite une grande confiance entre le cavalier et sa monture. Le cavalier doit accompagner les mouvements du cheval sans le gêner.

Pour dresser le cheval à franchir les obstacles, on lui fait d'abord sauter de simples barres au trot, puis on augmente progressivement leur hauteur et il doit ensuite les franchir au galop. On améliore la qualité de ses sauts en hauteur et en longueur grâce à un sérieux entraînement avec un bon cavalier.

Le Cadre noir de Saumur

C'est le corps des instructeurs qui perpétue l'enseignement de l'équitation française. Les cavaliers y apprennent les sauts d'école comme la courbette, la croupade et la cabriole, sauts pratiqués sans étriers. Les chevaux et les élégants cavaliers du Cadre noir donnent de superbes représentations pendant lesquelles ils exécutent d'impeccables mouvements.

La courbette

Cet exercice de haute école est l'un des plus spectaculaires et des plus difficiles à réaliser. Le cheval se cabre, dressé sur ses membres postérieurs, presque à la verticale. Il peut alors exécuter plusieurs sauts de suite. Certains chevaux peuvent en faire dix sans reposer les membres antérieurs à terre.

La délicate exécution de la cabriole demande au cheval beaucoup d'énergie et une excellente synchronisation.

L'appuyer

Dans ce mouvement, le cheval se déplace de côté, vers la droite ou vers la gauche, en croisant ses membres. Cet appuyer peut se faire au pas, au trop ou au galop. Un cheval qui réalise ce mouvement prouve qu'il est bien accordé à son cavalier et se contrôle parfaitement.

SPORTS ÉQUESTRES

Les sports équestres sont souvent dérivés de pratiques guerrières. Ils obéissent à des règles précises et seuls d'excellents cavaliers peuvent y participer. En Argentine, on joue au pato, une sorte de handball à cheval. Le bozkachi, qui se pratique dans les steppes afghanes, est le plus brutal des sports équestres. Chaque équipe tente de s'emparer de la dépouille décapitée d'un bouc et de la porter dans un cercle. Les skieurs de ski-driving, sont tirés par des poneys ou par des chevaux.

Le rodéo est un sport brutal : lors d'une épreuve, le cavalier doit tenir huit secondes sur un cheval sauvage déchaîné.

Le rodéo

Chaque année, plus de trois mille rodéos sont organisés aux États-Unis, attirant des spectateurs du monde entier. Ce sport comporte plusieurs épreuves, comme capturer un taureau en moins de huit secondes et attraper un veau au lasso.

Le polo

Il se pratiquait déjà en Perse plusieurs siècles avant notre ère. Introduit en Inde, il a été répandu en Europe par les Anglais à la fin du XIXe siècle. Les cavaliers frappent une balle en bois avec un maillet. Le cheval doit être rapide au démarrage et avoir un excellent équilibre. Pour le protéger, on lui bande les chevilles. Parfois, on lui ajoute des ronds de cuir sur les sabots. La meilleure monture au polo est un poney argentin : le criollo.

La corrida

En Espagne, les corridas sont très populaires. C'est une ancienne tradition. Dès le IXe siècle, les chevaliers espagnols affrontaient les taureaux dans un espace clos. Lors des corridas à cheval, qui sont aujourd'hui plus rares, le toréro affronte l'animal à cheval. Sa monture n'est pas protégée comme l'est celle du picador.

Le horse-ball

Les cavaliers doivent attraper par des lanières un ballon qu'ils jettent ensuite dans le filet de l'équipe adverse. Ce sont de véritables acrobates, qui peuvent se pencher jusqu'à terre et se redresser parce que les étriers sont reliés par une sangle passée sous le cheval.

La chasse à courre

Une meute de chiens mène un équipage de cavaliers sur la piste du gibier. Les chevaux doivent être résistants et avoir le pied sûr, car la course à travers la campagne est souvent parsemée d'embûches : haies, fossés...

LES COURSES

Dès l'Antiquité, les courses de chars et de chevaux montés passionnaient les foules. La première véritable course a été créée par Richard Cœur de Lion, roi d'Angleterre, au XIIe siècle. Aujourd'hui, il y a des courses d'endurance où le cheval montre sa résistance sur des dizaines de kilomètres, des courses de galop, avec ou sans obstacles et des courses de trot. Le pur-sang est la vedette des courses de plat. Le cheval est monté par un jockey qui porte les couleurs de son écurie. À la fin du XIXe siècle, les paris se sont développés. Le tiercé est né en 1953.

Le trot monté

Cette course est peu pratiquée mais permet de repérer les bons trotteurs. Le cheval porte un jockey qui se tient assez droit sur une selle légère et plate.

Il existe trois courses d'obstacles : la course de haies toutes identiques, le steeple-chase et le cross. Le vainqueur est celui qui fait un parcours dans le meilleur temps.

Le steeple-chase se court sur 3 000 m, avec un minimum de huit obstacles de types différents (haies très hautes, trous barrés, barrières...)

Les courses de plat

Elles sont les plus prisées et sont réservées aux meilleurs pur-sang. Elles se courent sur des distances de 800 m jusqu'à 4 000 m, plus souvent sur 2 400 m. Les chevaux peuvent atteindre de très grandes vitesses, parfois 1 km par minute, sur de courtes distances.

Les courses de trot sont très populaires en France et aux États-Unis. La difficulté est de faire courir le cheval au trot de course le plus vite sans qu'il change d'allure. S'il galope, il est éliminé. Le trot de course n'est pas naturel mais résulte du dressage. Certaines races ont des qualités innées de trotteur.

Le trot attelé

Le cheval est attelé à une voiture légère à deux roues appelée sulky. Le conducteur, ou driver, assis et les pieds calés de chaque côté de la croupe, dirige son cheval à l'aide de longues guides.

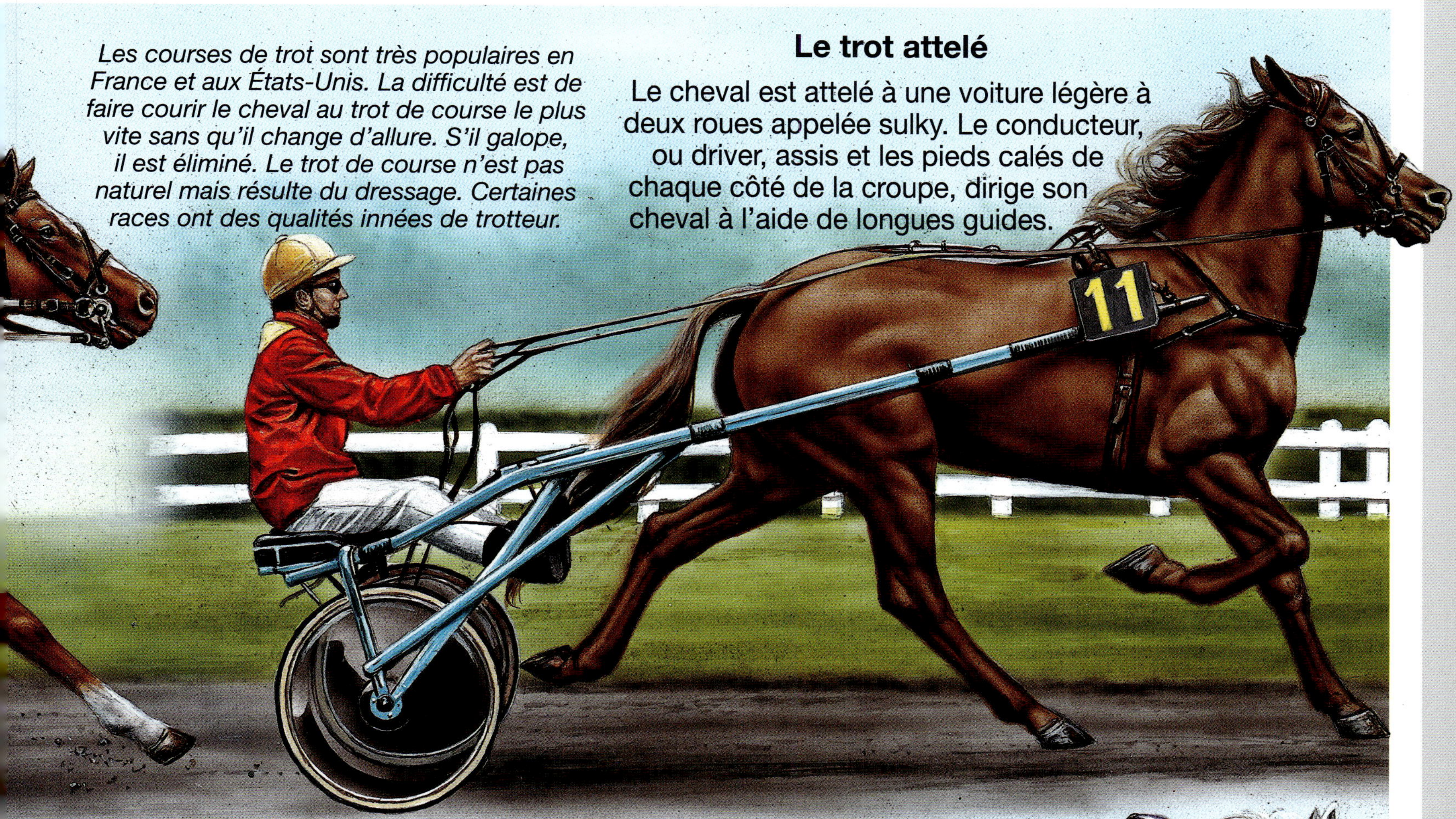

Un galopeur de plat ne court que de 2 à 6 ans et donne les meilleurs résultats entre 3 et 4 ans. Un cheval qui a gagné plusieurs courses s'appelle un crack.

Le cross

C'est une course d'obstacles de longue distance. Le cheval et son cavalier doivent franchir, dans un parcours d'extérieur, des obstacles le plus souvent naturels : rivières, talus en contre-haut et contrebas.

SPECTACLES ÉQUESTRES

Dans l'Antiquité, les courses de chars attiraient les foules dans les grands cirques de Rome et de Byzance. Puis, au Moyen Âge, les tournois eurent un grand succès. Vers la fin du XVIIIe siècle, les premiers cirques modernes sont apparus. On y montrait de superbes numéros de chevaux dressés. Aux États-Unis, Buffalo Bill, grâce à son cirque ambulant, devint célèbre, ainsi que sa troupe de cavaliers sioux et de cow-boys. Dans les westerns, les chevaux jouent un rôle primordial. Ils sont entraînés à jouer des scènes étonnantes.

Les tournois

Pendant les tournois, la joute était un combat singulier entre deux cavaliers. Les chevaux étaient recouverts d'un vêtement, le caparaçon, et d'un chanfrein qui protégeait leur tête. À la fin du Moyen Âge, ces violents spectacles furent remplacés par des carrousels, exercices de parade et d'adresse.

Les courses de chars

À Rome, quatre équipes s'affrontaient dans les très populaires courses de chars, qui étaient l'enjeu d'importants paris. Chaque conducteur de char devait sans cesse équilibrer son véhicule léger. En se penchant, surtout dans les virages, il évitait ainsi de se retourner. Sous les clameurs de la foule, le vainqueur passait devant la tribune des juges. Considéré comme un héros et traité comme tel, il était récompensé par une couronne et une bourse de pièces d'or.

Si le char se renversait, le conducteur était traîné à terre et piétiné.

Le cirque

À ses débuts, le cirque était surtout un spectacle équestre. Les premières vedettes étaient des écuyers voltigeurs et des ballerines à cheval. Ils exécutaient des pirouettes et des sauts périlleux. Aujourd'hui, on trouve aussi des exercices de dressage. Certaines troupes équestres présentent de superbes pyramides.

Que ce soit pour un numéro de clown, de voltige ou une présentation de prouesses techniques, le dressage du cheval de cirque est un travail de longue haleine. Mais le cheval a une très bonne mémoire et peut effectuer plusieurs années après un numéro qu'il avait exécuté autrefois.

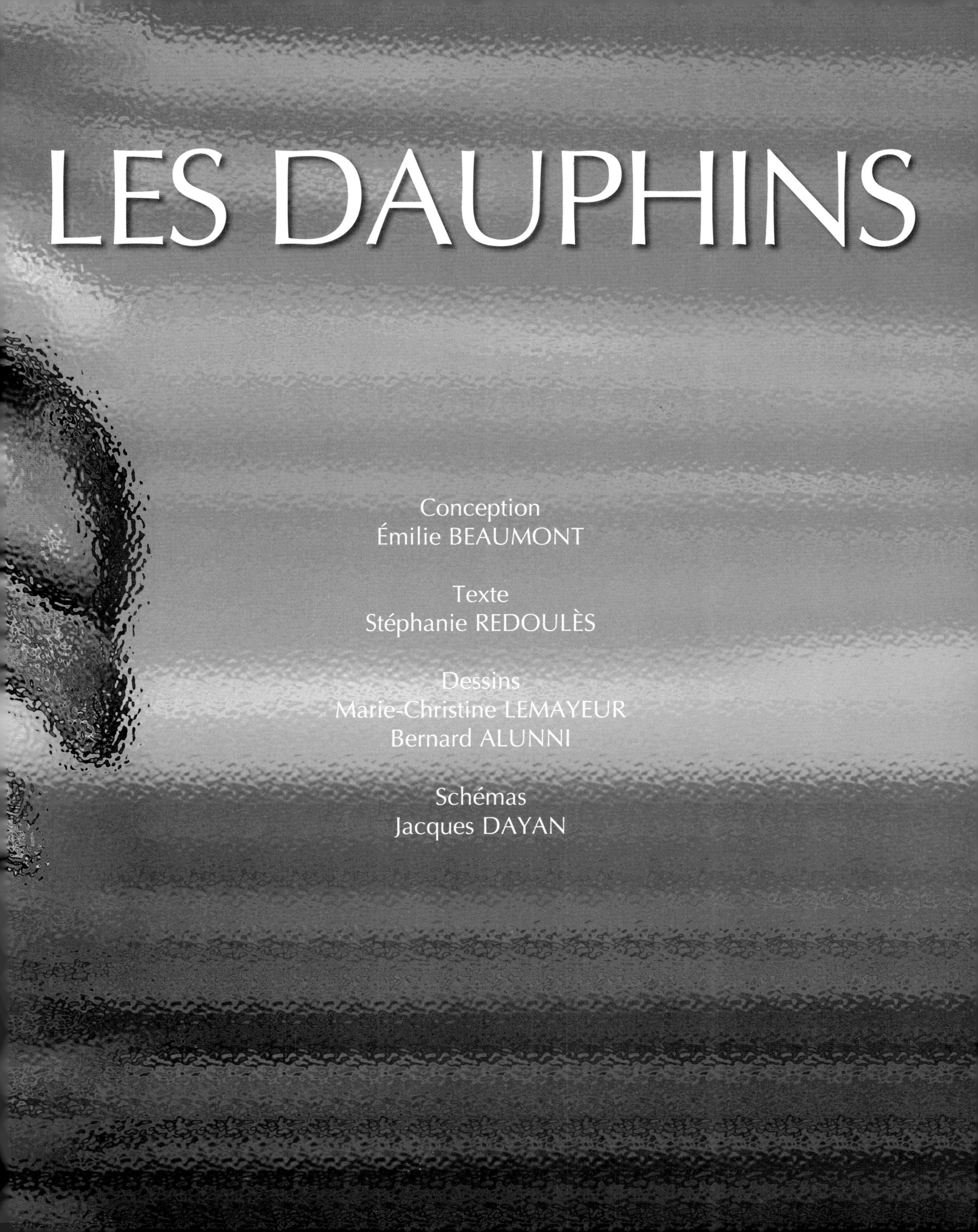

LES DAUPHINS

Conception
Émilie BEAUMONT

Texte
Stéphanie REDOULÈS

Dessins
Marie-Christine LEMAYEUR
Bernard ALUNNI

Schémas
Jacques DAYAN

DAUPHIN, D'OÙ VIENS-TU ?

Il vit dans l'eau, il possède des nageoires, il nage parfaitement et pourtant, ce n'est pas un poisson. Le dauphin appartient à la grande famille des cétacés, tout comme la baleine, l'orque ou le bélouga. Comme l'homme, les cétacés sont des mammifères et leur ancêtre est un animal terrestre. Plusieurs caractéristiques physiques les distinguent des poissons ; leur évolution n'a pas été la même. Grâce à l'étude des fossiles préhistoriques et à l'observation des cétacés actuels, les scientifiques ont pu retracer l'histoire des dauphins.

Qu'est-ce qu'un cétacé ?

À la différence des poissons, les cétacés ont la peau lisse (ils n'ont pas d'écailles), leur sang est chaud et les femelles donnent naissance à des petits qu'elles allaitent et élèvent (comme tous les mammifères). Ils respirent grâce à des poumons et ne possèdent pas de branchies. Lorsqu'ils nagent, on les distingue des poissons au mouvement de leur nageoire caudale (de la queue) : celle des cétacés est horizontale et bat de haut en bas, tandis que celle des poissons est verticale et bat de gauche à droite.

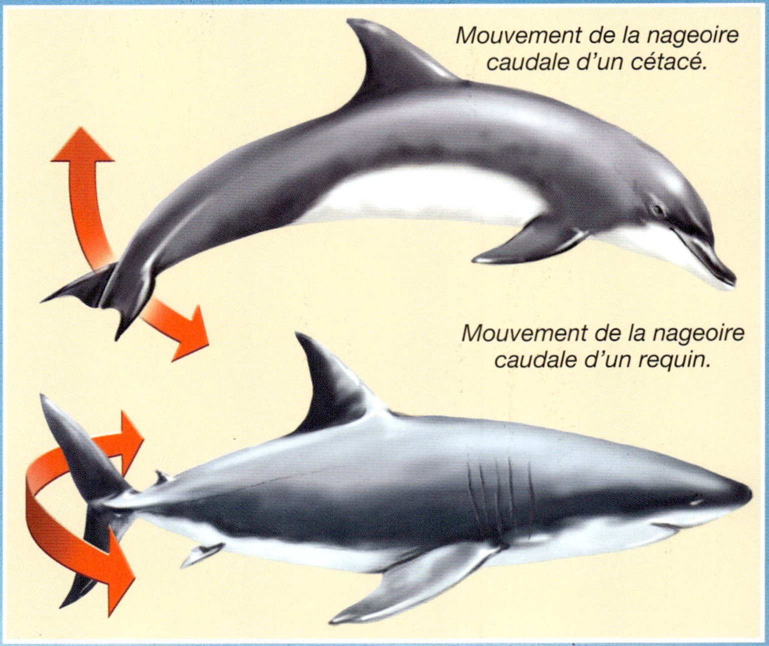

Mouvement de la nageoire caudale d'un cétacé.

Mouvement de la nageoire caudale d'un requin.

Il y a 60 millions d'années environ, le mesonyx, bien qu'animal terrestre, se nourrit de crustacés, de mollusques et de poissons primitifs. Peu à peu, il va gagner le milieu aquatique.

Un mammifère terrestre pour ancêtre

Il y a 60 à 55 millions d'années environ, après la disparition des dinosaures, apparaît parmi les mammifères terrestres présents l'ancêtre des cétacés. D'après les spécialistes, il ressemblait à un gros chien se nourrissant de poissons. Le niveau des océans montant peu à peu à cette époque, et une partie de ces mammifères ayant trouvé une nourriture plus abondante dans la mer, ceux-ci passent progressivement de la vie terrestre à la vie aquatique au prix d'une lente et extraordinaire adaptation.

De la terre à la mer

On pense que les ancêtres des cétacés ont colonisé les océans il y a environ 50 millions d'années. Devenues inutiles, les pattes avant se sont lentement transformées en nageoires, les pattes arrière ont disparu, la tête s'est peu à peu allongée pour faciliter la capture des poissons, la fourrure a disparu au profit d'une couche de lard, et l'organisme s'est adapté à l'immersion.

Voici plus de 40 millions d'années, les ancêtres des cétacés sont représentés par les protocètes, puis par les dorudontidés et les basilosaures.

▲ ***Le protocète** a déjà acquis la forme allongée, dite « hydrodynamique », des dauphins.*

*Chez **le dorudontidé**, l'aileron dorsal est apparu et les narines se sont déplacées vers le haut du crâne pour faciliter la respiration.* ▼

***Le basilosaure** est le plus gros de ces ancêtres ; il mesurait probablement entre 15 et 20 m.* ▶

***Le squalodon**, dont on voit ici la tête fossilisée, n'est pas un ancêtre commun à tous les cétacés mais aux dauphins en particulier.*

Les premiers dauphins

On peut dire que les premiers dauphins (qui se différencient alors des baleines) sont les squalodons, ou dauphins à dents de requins. Ils apparaissent il y a environ 25 millions d'années. Ils possèdent désormais un évent au sommet du crâne, leur rostre s'est allongé et leurs dents triangulaires et dentelées laissent à penser qu'ils devaient être de terribles carnivores.

LES DAUPHINS DANS L'HISTOIRE

Depuis l'Antiquité, tout autour du bassin méditerranéen, les dauphins ont été représentés sur des fresques, des mosaïques, des céramiques, des pièces de monnaie, des sculptures... Ces animaux apparaissent également dans de nombreux mythes et légendes à travers le monde. En Australie par exemple, une légende aborigène raconte que l'homme descend du dauphin. En Amazonie, des Indiens vénèrent le boto (voir p. 21) qui vit dans cette région.

La fresque du palais de Cnossos, en Crête, date de 1489 av. J.-C. Elle représente de magnifiques dauphins. On raconte que la reine qui habitait ce palais fut rejointe, un jour où elle se baignait, par deux dauphins et fut émerveillée par l'étonnant spectacle des cétacés qui jouèrent autour d'elle.

Un héros de l'Antiquité

Plusieurs mythes grecs font référence aux dauphins et le présentent comme un animal bienfaiteur. On sait aussi, d'après les récits de l'époque, que les pêcheurs grecs le laissaient en paix, le considérant avec respect. Avait-il déjà acquis une réputation de sauveteur ? C'est fort possible, car plusieurs légendes parlent de divinités sauvées de la noyade par des dauphins.

Un célèbre mythe grec raconte que Dionysos, dieu de la vigne, du vin et des réjouissances, fut pris en otage par des pirates au cours d'une traversée en mer. Pour se défendre, le dieu fit pousser de la vigne qui paralysa le bateau, changea les avirons en serpents et transforma les pirates en dauphins. Si les dauphins viennent ainsi parfois en aide aux hommes, c'est peut-être parce que ce sont des pirates qui se repentissent...

Au Moyen Âge, la persécution

Dans l'Europe du Moyen Âge, les dauphins sont nettement moins considérés que pendant l'Antiquité. Le dauphin est vu par les catholiques comme une viande maigre qui peut être consommée le vendredi et pendant le carême (à la différence du porc, du bœuf ou du gibier). Se nourrissant de crustacés et de poissons, les dauphins sont jugés par les pêcheurs comme des concurrents qui de plus endommagent leurs filets... Il n'en faut pas plus pour que les dauphins soient chassés et décimés dans certaines régions de pêche jusqu'au début du 20e siècle.

L'époque moderne

Depuis le 20e siècle, le dauphin vit presque en paix avec les pêcheurs, mais sa population a considérablement diminué. Cet animal reste très populaire et, dans les années 1960, une série américaine renforça son image de gentil compagnon. « *Flipper le dauphin* » fut un grand succès. Chaque épisode contait les aventures d'un jeune garçon, Bud, et les prouesses de son compagnon, un dauphin fidèle et intelligent, toujours prêt à aider Bud et sa famille.

COMME UN DAUPHIN DANS L'EAU !

Le dauphin est un animal parfaitement adapté à son milieu. Nageur exceptionnel, il atteint des records de vitesse de près de 60 km/h ! Sa silhouette en forme de torpille, sa peau lisse, sa queue puissante lui confèrent les principaux atouts d'un nageur hors pair. Et bien que respirant à l'aide de poumons, il a su déjouer le problème de la respiration en milieu aquatique. Comme de nombreux cétacés, telles l'orque ou la baleine franche, c'est aussi un sauteur étonnant que l'on voit parfois bondir hors de l'eau avec élégance.

Des sauts spectaculaires

Les dauphins en liberté aiment sauter hors de l'eau et exécuter différentes figures. Leurs sauts les plus hauts peuvent atteindre 6 m ! C'est une façon de montrer qu'ils ont envie de jouer, un moyen de communiquer avec les autres membres du groupe (pour indiquer qu'il y a un banc de poissons ou pour séduire une femelle), mais cela peut aussi marquer un simple changement de direction.

Au cours de son évolution, le squelette du dauphin s'est allégé, le rendant plus rapide dans l'eau.

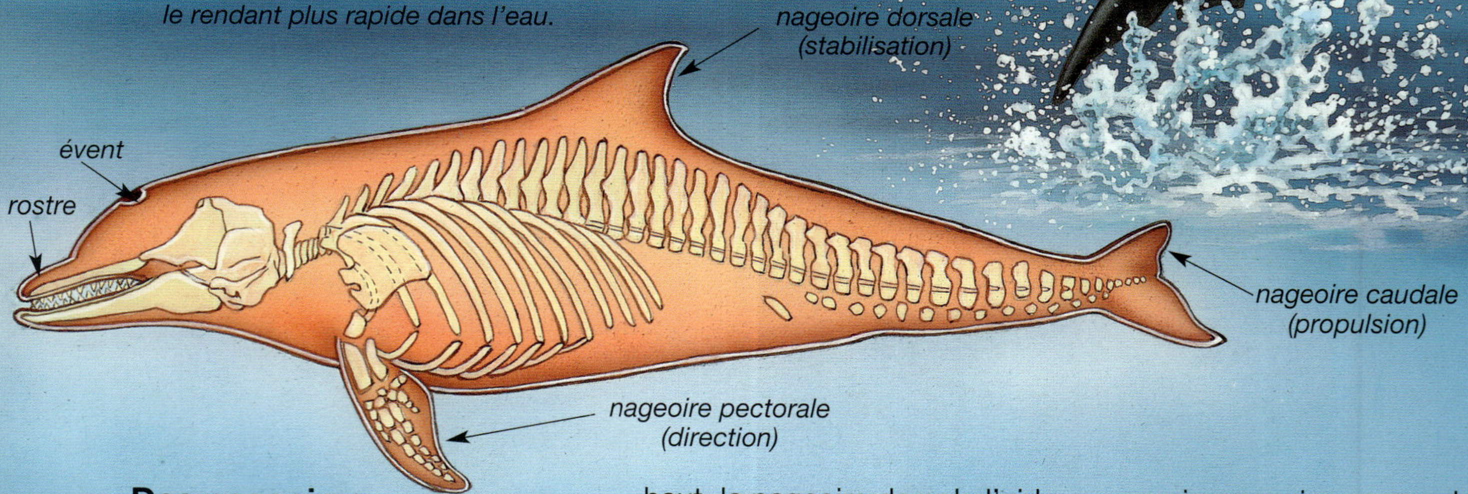

Des nageoires et une peau sur mesure

Sa silhouette fuselée est idéale pour glisser dans l'eau, mais le dauphin possède en plus des nageoires efficaces : tandis que la nageoire caudale sert à la propulsion en battant de bas en haut, la nageoire dorsale l'aide à se stabiliser, et les nageoires pectorales à se diriger vers la droite ou la gauche... Ses records de vitesse ont fait s'interroger les spécialistes qui ont découvert une caractéristique étonnante. En effet, la peau du dauphin peut se déformer de façon microscopique pour absorber les infimes turbulences (remous) qui se créent dans l'eau lorsqu'il nage. N'étant pas freiné par ces turbulences, il va plus vite. Les hommes aimeraient pouvoir reproduire cette particularité unique sur les sous-marins, par exemple.

Se protéger du froid

Le dauphin, comme tous les cétacés, bénéficie d'une isolation thermique remarquable. En effet, il n'est pas facile de maintenir sa température à 36 °C lorsque l'eau dans laquelle on baigne ne fait que quelques degrés ! Une couche de lard très épaisse (plusieurs dizaines de centimètres) sépare la peau des muscles, ce qui empêche l'eau extérieure de refroidir l'organisme.

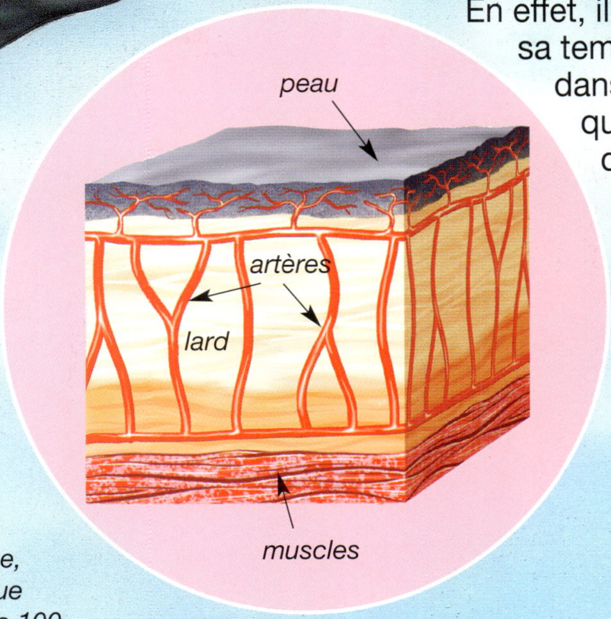

Quand le dauphin nage en passant de l'eau à l'air, on dit qu'il « marsouine ». Cette technique lui permet d'aller plus vite car l'air le freine moins que l'eau et lui sert parfois à échapper à un prédateur.

Des champions de l'apnée

En matière de plongée sous-marine, les dauphins sont bien meilleurs que les hommes. Ils peuvent descendre de 100 à 300 m et rester dans certains cas jusqu'à 20 min sous l'eau sans respirer. Leur réserve d'oxygène est bien plus importante que la nôtre et, sous l'eau, ils parviennent à en dépenser bien moins.

Lorsqu'il expire, le dauphin remonte en surface et souffle par l'évent l'air contenu dans ses poumons. Il reste toujours sur l'évent un peu d'eau, ce qui explique les jets que l'on voit parfois. Les souffles des baleines sont très impressionnants.

La technique de respiration

À la différence des poissons, le dauphin n'a pas de branchies qui lui permettent de retenir l'oxygène se trouvant dans l'eau. Il lui faut donc remonter en surface afin de respirer. Pour éviter d'avoir à sortir totalement la tête de l'eau, ses narines se sont transformées en un trou situé au sommet du crâne, l'évent, qui se ferme sous l'eau. Lorsqu'il vient en surface, le dauphin expire l'air de ses poumons dans un souffle. Avant de replonger, il inspire autant d'air que possible, faisant ainsi le plein d'oxygène.

UNE INTELLIGENCE ÉTONNANTE

Depuis longtemps, le comportement des dauphins a étonné. Sa façon d'accompagner les bateaux, sa capacité à être dressé, les sauvetages auxquels il a participé, son incroyable sens de l'orientation, ses techniques de chasse en groupe sont autant de signes d'intelligence. En captivité, les scientifiques ont aussi constaté ses nombreuses possibilités : ainsi, le grand dauphin est capable de reconnaître son image dans un miroir, il sait également repérer un objet qu'il a déjà vu au milieu d'autres objets inconnus.

Un malicieux et un farceur

Chez de nombreux dauphins ambassadeurs (voir p. 25), on peut observer une certaine malice et même un plaisir à faire des farces aux hommes. Des témoignages racontent le jeu de dauphins qui s'amusent à éclabousser des touristes en bateau ou à provoquer des remous pour déstabiliser leur canot pneumatique, ou encore à bloquer volontairement le gouvernail de bateaux de pêche... Ces jeux ne sont-ils pas des preuves d'intelligence ?

Tous les cétacés n'ont pas la même intelligence ; parmi eux, ce sont le grand dauphin et l'orque qui paraissent les plus aptes à comprendre, apprendre et imiter.

Une certaine intelligence

La plupart des animaux savent faire des choses sans les avoir apprises, on parle d'instinct. Les plus intelligents cherchent à résoudre des problèmes qui se posent à eux. Par exemple, des dauphins utilisent des éponges naturelles pour se protéger le rostre quand ils chassent dans les récifs ! Les scientifiques se sont intéressés au cerveau des dauphins, qui est plus gros (par rapport à la taille de l'animal) que chez la plupart des autres êtres vivants. Mais on reste prudent à propos de ces études.

La communication et le langage

Les dauphins ne peuvent pas parler, ils n'ont pas de cordes vocales ; en revanche, ils émettent des sifflements par lesquels ils communiquent. Ce langage sifflé varie en intensité et en fréquence : chaque dauphin a son sifflement propre, ce qui lui permet d'être reconnu par les autres. Dans l'eau, le son se propage cinq fois plus vite que dans l'air, ce qui permet aux dauphins de communiquer même s'ils sont séparés par de très grandes distances. Les dauphins peuvent ainsi siffler pour prévenir le groupe d'un danger, pour annoncer la présence d'un banc de poissons à chasser ou encore quand la dauphine apprend à son petit à reconnaître ses sifflements.

Le sonar permet au dauphin de repérer un objet de la taille d'une balle de ping-pong à quelques dizaines de mètres.

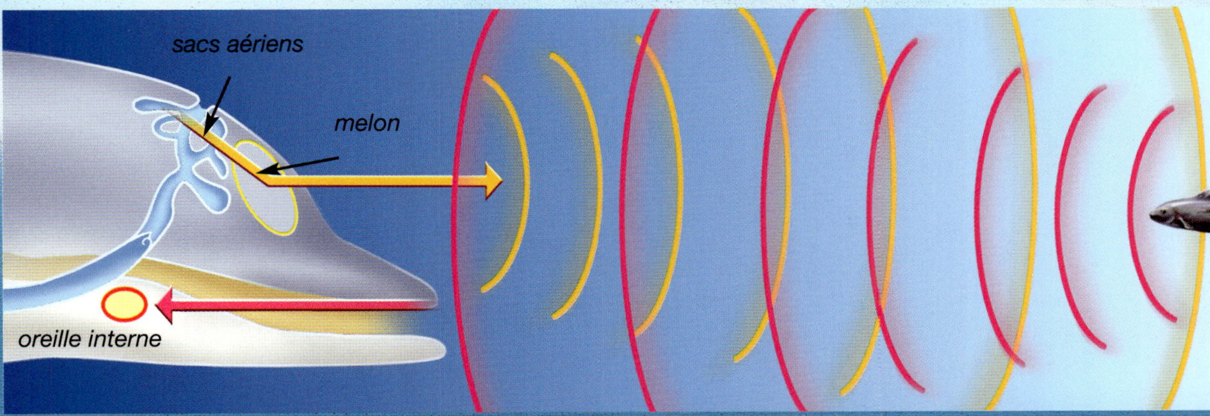

Le dauphin émet des sons en faisant circuler de l'air à travers des sortes de sacs situés dans le crâne et à travers une masse graisseuse, le melon, qui amplifie ces sons et les dirige. La plupart de ces émissions sonores sont des ultrasons imperceptibles par l'oreille humaine.

Un formidable sixième sens

Le dauphin dispose pour se diriger et pour chasser d'un système particulièrement au point : l'écholocation. Il consiste à émettre un son et à analyser l'écho de ce son lorsqu'il revient après avoir été réfléchi sur un objet rencontré. L'analyse de cet écho renseigne le dauphin sur la distance à laquelle se trouve l'objet, sa forme, sa taille et sa consistance. Le cétacé se sert de l'écholocation pour situer un obstacle et s'orienter, mais aussi pour repérer une proie et la chasser.

Ce groupe de dauphins a détecté un poisson enfoui sous le sable.

NAÎTRE DANS L'EAU

Naître dans l'eau n'est pas chose facile, surtout lorsqu'on est un mammifère. Mais le delphineau, dès ses premiers instants de vie, est bien entouré et peut compter sur sa maman et même sur une marraine pour le guider. La femelle dauphin ne porte qu'un petit à la fois et l'accompagne tout en l'éduquant pendant ses premières années, elle n'a donc pas de petits tous les ans. Même s'ils vivent en groupe, les dauphins ne forment pas réellement de famille car le mâle, une fois qu'il s'est accouplé, quitte la femelle et ne se préoccupe pas de ce qu'elle deviendra avec son petit.

Les dauphins amoureux sont très démonstratifs et adorent se frotter l'un contre l'autre.

Un grand séducteur

Avant de s'accoupler, certains dauphins peuvent mener un long jeu de séduction. Le mâle met tout en œuvre pour que la femelle qu'il a choisie le remarque. Il effectue alors ses plus belles cabrioles et multiplie les sauts hors de l'eau jusqu'à ce que la belle succombe. Cette cour acrobatique peut durer de quelques jours à plusieurs semaines. Lorsque la femelle est enfin prête, elle peut répondre elle-même par des sauts et des pirouettes élégantes.

Les dauphins ne s'unissent que pour se reproduire et leur couple ne dure que très peu de temps. Pendant l'été (la saison des amours), ils ont plusieurs partenaires.

L'accouplement

Il s'ensuit alors de longues nages côte à côte et de tendres caresses. C'est au cours de ces moments de tendresse où le couple est serré l'un contre l'autre, toujours dans l'eau, que l'accouplement a lieu. Un mâle peut s'accoupler avec plusieurs femelles et une dauphine peut aussi être séduite par plusieurs mâles, ainsi les couples ne se forment que le temps d'une cour... Chacun, séparément, retrouve ensuite le groupe.

Une naissance sous surveillance

Selon les espèces, la dauphine porte le petit entre 9 et 16 mois. Pendant la gestation, la future maman recherche la compagnie d'une femelle plus âgée qui va la suivre, l'aider en cas de besoin pour mettre bas et dans l'éducation du delphineau : c'est la marraine. Lorsqu'elle sent le moment venu, la dauphine qui s'apprête à mettre bas se rapproche de la surface car le petit devra tout de suite aller chercher de l'air pour ne pas se noyer. Le bébé dauphin sort la queue la première (1).
La naissance peut durer de 30 à 120 min environ. Lorsque la tête est dégagée (2), la mère ou la marraine le pousse jusqu'à la surface afin qu'il respire (3). Une fois son premier bol d'air pris, il doit retourner dans l'eau pour que la mère le nourrisse de son lait (4). Celui-ci, très gras et très riche, doit permettre au delphineau de se constituer rapidement une couche de lard assez épaisse pour résister au froid.

À sa naissance, le petit de l'espèce du grand dauphin pèse déjà une trentaine de kilos et mesure entre 90 et 130 cm. Il va grossir très vite grâce au lait extrêmement riche que lui donne sa mère jusqu'à l'âge d'un an environ.

Une fois le delphineau dégagé, le cordon ombilical se rompt, parfois la marraine doit cependant le couper avec son bec.

La marraine veille à ce que la naissance se passe pour le mieux.

La femelle dauphin n'a pas réellement de mamelles. Elle expulse son lait par des fentes ventrales.

Vers l'âge adulte

À peine une demi-heure après sa naissance, le petit dauphin parvient à nager seul, pourtant, il va rester pendant 4 à 6 ans auprès de sa mère ! Au début, il nage une nageoire appuyée contre elle ou même sous son ventre. Il faut dire qu'il est très vulnérable et que ses ennemis, requin, orque... n'en feraient qu'une bouchée. Le delphineau apprend auprès de sa mère et de sa marraine à chasser, à communiquer et à se méfier.

La dauphine et la marraine surveillent de près le petit car il est encore peu méfiant et constitue une proie facile pour une orque par exemple.

VIVRE EN GROUPE

Les cétacés, et plus particulièrement les dauphins, vivent en groupes plus ou moins importants dont le nombre d'individus varie selon les espèces et parfois selon les moments de l'année. Ces groupes peuvent compter de quelques cétacés à plusieurs centaines. Les dauphins solitaires sont exceptionnels (voir p. 25). Pour se nourrir, se défendre, élever les petits, les dauphins ont bien compris la nécessité de s'entraider. C'est grâce à leur système de communication efficace et à leur comportement solidaire qu'ils ont certainement réussi à subsister jusqu'ici.

Pour certaines espèces, les groupes de dauphins peuvent compter une petite dizaine d'individus, alors que de grands rassemblements saisonniers peuvent réunir plus d'un millier de dauphins !

On a remarqué que l'entraide qui existe entre les dauphins peut aussi se manifester entre des dauphins et des hommes si ces derniers se trouvent par exemple dans une situation dangereuse, comme un naufrage, ou qu'ils sont près de se noyer.

L'entraide

L'étude des communautés de dauphins montre qu'au sein d'un même groupe, il peut exister une assistance entre les individus. Si un dauphin est en difficulté, malade ou blessé, il peut être secouru par les autres membres du troupeau. Par exemple, s'il ne peut plus remonter en surface pour respirer à cause d'une mauvaise blessure, un ou plusieurs compagnons le maintiendront et le pousseront pour qu'il puisse atteindre l'air. Ce type d'entraide est aussi très courant entre la marraine, la dauphine et le delphineau (voir p. 14/15).

Les dauphins migrent-ils ?

Même s'ils ne font pas d'aussi grands voyages que les baleines, quand des groupes de dauphins migrent, c'est souvent pour suivre leurs proies. En Europe, des grands dauphins ont été observés migrant ainsi des côtes de Jersey, dans la Manche, où ils passent l'hiver, à la baie normande du Mont-Saint-Michel, en été, à la poursuite de bancs de sardines. Des rassemblements de troupeaux ont lieu aussi à la saison des amours. Mais il existe des communautés qui ne bougent jamais d'un certain périmètre, comme les dauphins de Risso qui chassent les calmars autour de l'archipel des Açores, dans l'océan Atlantique.

Malgré la grande solidarité qui existe au sein d'un groupe, il arrive pourtant que des conflits éclatent, c'est le cas pour la compétition entre mâles. Mais les combats ne mènent jamais à la mort et les blessures restent superficielles. Quelques coups de queue d'avertissement suffisent parfois à éloigner l'un des adversaires.

S'associer pour la chasse

La plupart des espèces de dauphins chassent en groupe. On parle de coopération. Lorsqu'un dauphin repère un banc de poissons, il avertit le reste du troupeau. Le groupe se rapproche jusqu'à encercler les proies tout en les contraignant à se rassembler vers la surface (1). Une fois les poissons pris au piège et affolés, les dauphins n'ont plus qu'à traverser le banc chacun leur tour en ouvrant une large gueule (2). On sait aussi que certains dauphins poursuivent des bancs de sardines jusqu'à les faire échouer sur le sable pour les attraper ensuite en s'échouant eux-mêmes à demi (3). Dans quelques cas, les dauphins peuvent s'associer aux thons, et même aux requins, pour des séances de chasse communes !

PORTRAIT DE FAMILLE

Les dauphins font partie de la grande famille des cétacés qui compte plus de 80 espèces dont les célèbres baleines, les terribles orques ou les étonnants narvals. Tous les membres de cette famille sont des mammifères qui vivent en permanence dans l'eau. Même si leur taille et leur allure varient beaucoup, ils ont connu la même évolution et possèdent de nombreux points communs. Le plus petit, le marsouin, ne mesure pas plus de 1,50 m, tandis que le plus gros, l'énorme baleine bleue, atteint 30 m de long. Les cétacés sont présents dans tous les océans de la Terre.

Avec ou sans dents ?

Dans la grande famille des cétacés, on distingue ceux qui ont des dents, les odontocètes (environ 76 espèces), de ceux qui ont des fanons, les mysticètes. Le dauphin appartient au sous-ordre des odontocètes comme ses cousins le marsouin, l'orque, le narval, le bélouga et le cachalot.

Les fanons agissent comme une passoire, ils filtrent l'eau et retiennent le krill, de minuscules crustacés.

▲ ***Le marsouin***

Les marsouins communs sont les plus petits cétacés d'Europe : ils mesurent de 1,20 à 1,50 m pour un poids de 55 à 65 kg. Ils vivent en petits troupeaux de 2 à 10 individus.

Le bélouga ▲

Il se reconnaît à sa couleur ivoire et à sa tête ronde. Il mesure environ 5,5 m et pèse 1,5 t. Les bélougas vivent l'hiver en groupes de 5 à 20 individus et se rassemblent l'été en troupeaux plus nombreux.

Le dauphin ▲

Selon les espèces, sa taille varie de 1,80 à 4 m. Quelques espèces sont décrites pages 20 et 21.

Le narval ▶

Avec sa longue défense torsadée, il est à l'origine de nombreuses légendes. De couleur gris marbré, le narval mesure de 4 à 6 m et peut atteindre de 800 kg à 1,6 t. Les groupes comptent de 10 à plusieurs dizaines d'individus.

Différentes espèces de dauphins peuvent se trouver au sein d'un même groupe et il peut aussi arriver que l'on assiste à ce spectacle étonnant d'une baleine nageant en compagnie de dauphins : image d'une géante parmi ses cousins minuscules !

▼ *La baleine bleue*

Ce cétacé est le plus gros des animaux du monde, son poids (qui peut atteindre 170 t) équivaut à celui de 33 éléphants réunis, quant à sa taille record (30 m), c'est celle de 3 autobus ! À la différence des autres cétacés de cette page, elle n'a pas de dents mais des fanons. Ces sortes de peignes en corne lui servent à retenir les 4 tonnes de krill dont elle se nourrit chaque jour. Selon les saisons, elle fréquente les eaux de l'équateur au cercle polaire.

◀ *L'orque*

C'est la plus proche cousine des dauphins, mais aussi une ennemie redoutable pour eux. Dépassant parfois les 9 m, elle peut peser plus de 3,5 t. Les troupeaux varient de 10 à plusieurs dizaines d'orques.

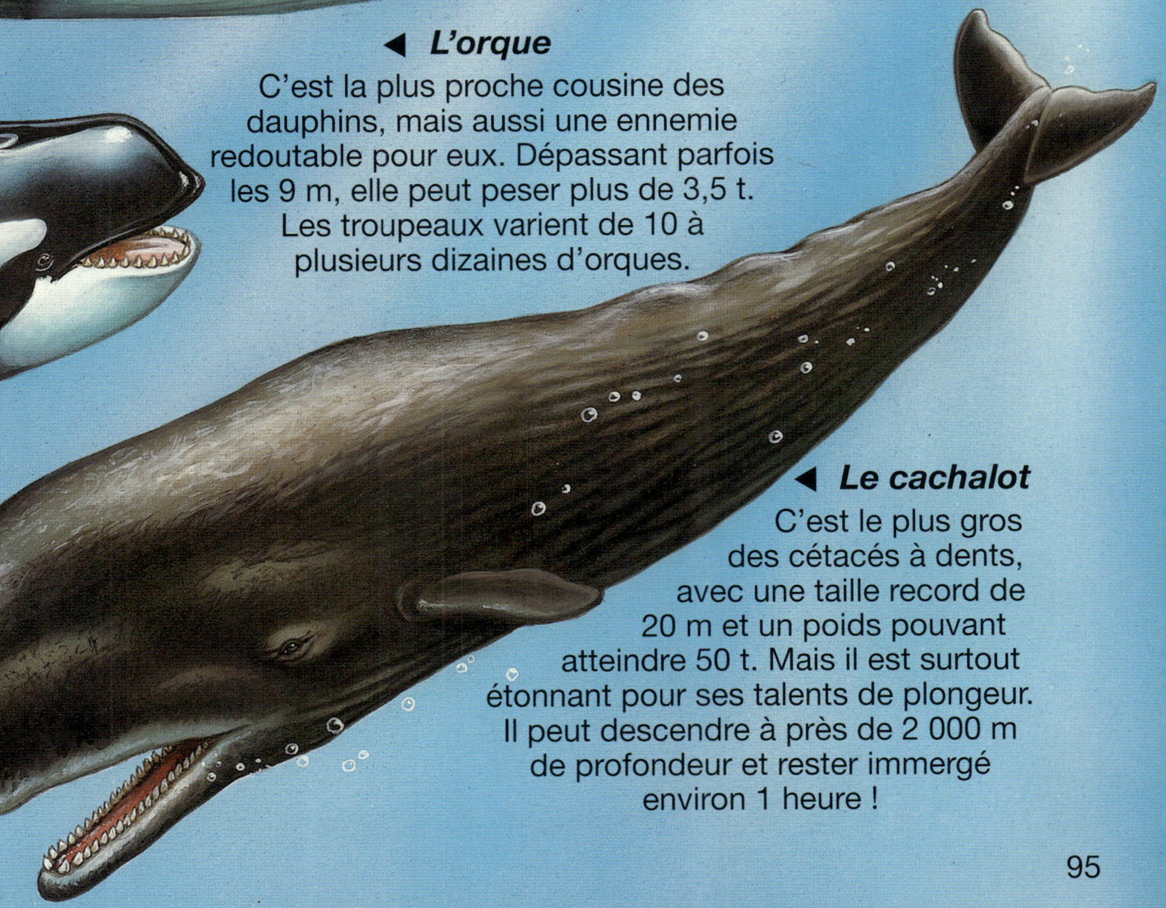

◀ *Le cachalot*

C'est le plus gros des cétacés à dents, avec une taille record de 20 m et un poids pouvant atteindre 50 t. Mais il est surtout étonnant pour ses talents de plongeur. Il peut descendre à près de 2 000 m de profondeur et rester immergé environ 1 heure !

L'étonnante défense torsadée du narval (présente chez le mâle uniquement) mesure entre 2 et 3 m.

Dans la grande famille des cétacés à dents (odontocètes), on distingue plusieurs groupes. Les dauphins marins, qui vivent dans l'eau salée, font partie du groupe des delphinidés, tout comme les orques. Les dauphins d'eau douce appartiennent aux platanistidés.

On compte 26 espèces de dauphins marins et 5 espèces de dauphins d'eau douce. Ils se nourrissent de poissons, calmars, mollusques et crustacés, mais ne fréquentent pas tous les mêmes eaux.

▼ ***Le dauphin de Risso***

Assez différent des autres, il est reconnaissable à sa tête dépourvue de rostre et à sa peau striée de nombreuses cicatrices blanches. Il fréquente toutes les mers tempérées et tropicales et peut se rassembler en immenses troupeaux.

Sa taille est d'environ 3,80 m pour un poids de 500 kg.

◄ ***Le grand dauphin***

C'est certainement le plus connu des dauphins car c'est celui que l'on admire généralement dans les delphinariums. Dans la nature, il fréquente les eaux tempérées et tropicales et vit en groupes plus ou moins importants selon les époques.

Sa taille varie de 2 à 4 m pour un poids entre 90 et 650 kg.

▼ ***Le dauphin tacheté***

Il tient son nom à sa peau qui se couvre de taches avec l'âge. Il aime les eaux chaudes mais part pêcher le soir dans les eaux profondes. C'est l'un des cétacés les plus abondants, même s'il est victime des filets de pêche et de la chasse.

Sa taille est d'environ 2,20 m pour un poids de 119 kg.

▼ ***Le dauphin commun***

Très représenté pendant l'Antiquité, il est reconnaissable à ses trois couleurs, noir, beige et blanc. Il aime les eaux tempérées et tropicales et peut nager en groupes de milliers d'individus ! Plus farouche que le grand dauphin, il supporte mal la captivité.

Il mesure 2,60 m pour 100 kg environ.

▼ Le lagenorhynque obscur

D'allure trapue, il possède un petit rostre et un aileron bien découpé. Son dos foncé peut avoir de beaux reflets bleu nuit. Il vit le long des côtes dans certaines régions au sud de l'équateur et se déplace en groupes de 50 à plus de 500 dauphins.

Sa taille varie de 1,60 à 2,20 m et il pèse jusqu'à 80 kg.

▼ Le dauphin de Commerson

Ce petit dauphin très agile a une coloration particulièrement originale. Il aime les eaux froides et peu profondes et vit en petits groupes ne dépassant pas une dizaine de dauphins. Il adore surfer en surface et nager sur le dos.

Il mesure 1,60 m et ne dépasse pas 60 kg.

▼ Le dauphin à bosse

Il doit son nom au renflement qu'il possède sur le dos et sur lequel se trouve son petit aileron. Il fréquente les eaux côtières et n'aime pas les eaux profondes. Peu abondant, il évolue en petits groupes de 5 à 7 individus qui se rassemblent à 20 maximum.

Sa taille est de 2,80 m pour un poids de 280 kg.

▼ Les dauphins d'eau douce

Ils se caractérisent par leur rostre beaucoup plus long que les dauphins marins et leurs yeux minuscules. Ils vivent dans les eaux troubles et boueuses de certains fleuves d'Amérique du Sud et d'Asie. Comme ils sont pratiquement aveugles, ils disposent d'un sonar particulièrement efficace.

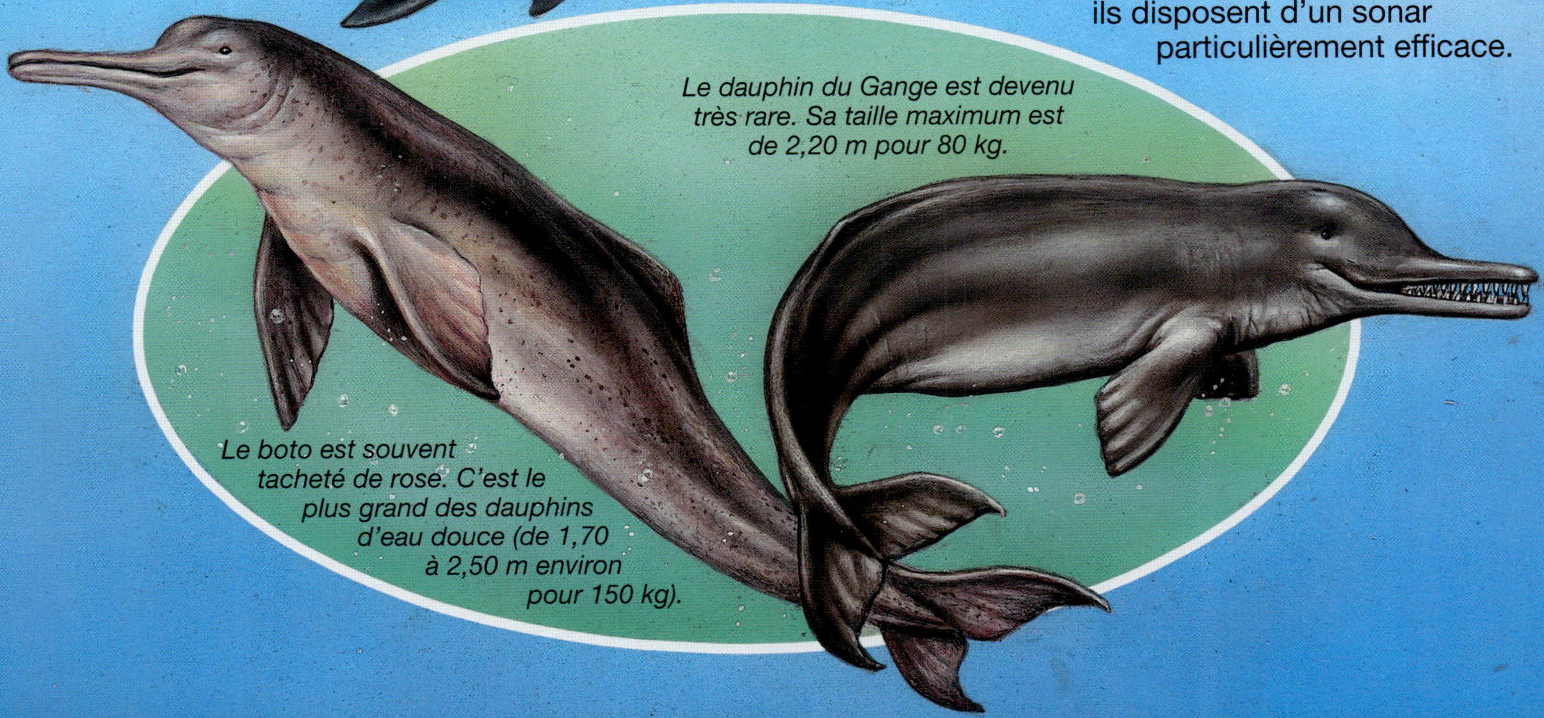

Le dauphin du Gange est devenu très rare. Sa taille maximum est de 2,20 m pour 80 kg.

Le boto est souvent tacheté de rose. C'est le plus grand des dauphins d'eau douce (de 1,70 à 2,50 m environ pour 150 kg).

DES DAUPHINS ET DES HOMMES

Leur air rieur et leur plaisir à jouer dans l'eau les rendent particulièrement sympathiques. Capables d'acrobaties spectaculaires, ils font la joie du public qui vient les admirer. Pourtant, ils paient parfois de leur vie leur rencontre avec les hommes, que ce soit lors de pêches intensives, de captures sauvages ou de dressages à des fins militaires.
Des organisations informent et militent pour la protection et le respect de ces cétacés. Mieux connus, les dauphins sont mieux considérés.

Dauphins stars

Les orques et les grands dauphins sont les stars des parcs aquatiques. Ils sont parmi les espèces de cétacés qui s'adaptent le mieux et se dressent le plus facilement. Seule la récompense (du poisson) intervient dans la technique de dressage et vient encourager l'animal, aucune punition n'est employée. Pour se faire comprendre des cétacés, le dresseur utilise un sifflet à ultrasons comme signal.

Garder des dauphins en captivité demande une grande attention et une surveillance importante, il y va de la santé et de la vie de l'animal. L'espace dont il dispose, la présence de compagnons, mais aussi la qualité de l'eau dans laquelle il vit constituent des facteurs essentiels de son état général.

Les dauphins ont une peau fragile et particulièrement sensible, il faut éviter de les caresser et manipuler trop souvent. On a aussi remarqué qu'ils étaient très sensibles au stress engendré par un transport ou par des changements brutaux dans leur environnement.

Admirer autrement

Si les spectacles auxquels on peut assister dans les delphinariums et les marinelands nous montrent des animaux plein de vie et capables des prouesses les plus extraordinaires, cela ne doit pas nous faire oublier que les dauphins aiment avant tout la liberté et que leur lieu de vie naturel est la mer. Désormais, il est possible de les observer dans leur milieu grâce à des associations organisant des sorties en mer. Elles sont réglementées afin de préserver le bien-être des animaux. Bien sûr, on ne voit pas toujours les dauphins très longtemps et ils n'exécutent pas des sauts sur commande, mais quel bonheur de les voir en liberté. Ce type d'observations encadrées est possible dans plusieurs endroits du monde, en mer Méditerranée, dans le sud de la France, aux États-Unis, en Nouvelle-Zélande...

En Australie, la baie de Monkey Mia est mondialement connue pour l'observation de dauphins en liberté.

Les hydrophones sont des appareils qui permettent de capter les sons émis par les cétacés et d'entendre même ceux que l'oreille humaine ne peut percevoir.

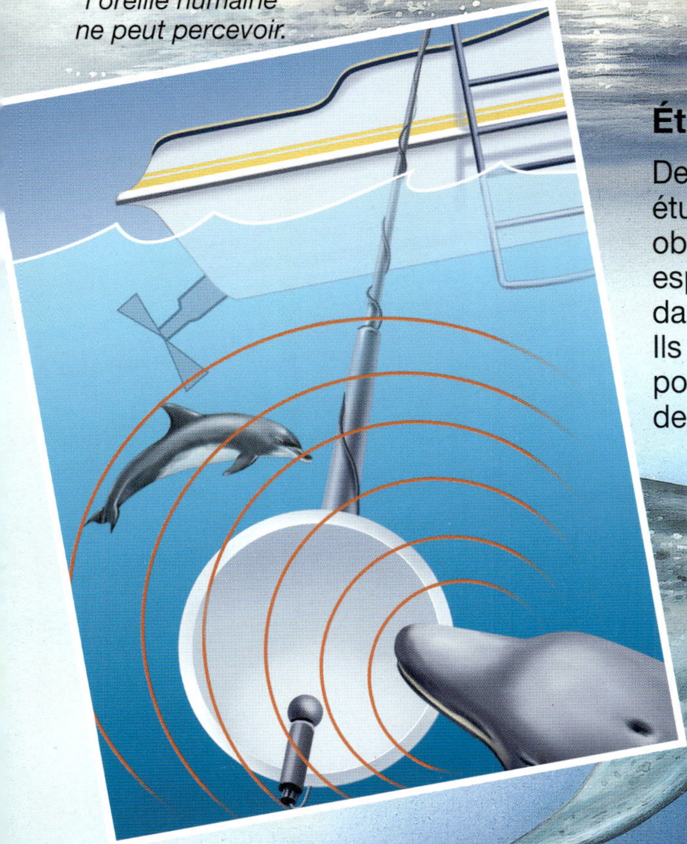

Étudier les dauphins

Des chercheurs spécialisés étudient les dauphins et observent les différentes espèces autant que possible dans leur milieu naturel. Ils les filment et les enregistrent pour tenter de percer le secret de leur langage...

Les scientifiques se sont rendu compte qu'en captivité les dauphins n'avaient pas le même comportement ; en liberté, il est plus facile de comprendre leur mode de vie : leurs relations au sein du groupe, leurs amours, l'éducation des jeunes, la chasse…

Depuis l'Antiquité, des récits témoignent de sauvetages d'hommes par les dauphins. À l'automne 2004, en Nouvelle-Zélande, des plongeurs ont échappé aux dents d'un requin grâce à un groupe de dauphins venus les encercler pour les protéger du terrible prédateur en dressant une barrière de sécurité entre les hommes et le requin. Dans certains pays, des pêcheurs se font aider des dauphins pour rabattre le poisson... Les histoires les plus émouvantes sont souvent celles de dauphins solitaires venus chercher la compagnie de l'homme sur les côtes.

Une véritable association hommes dauphins

Sur la côte ouest de l'Afrique, en Mauritanie, un peuple de pêcheurs, les Imragen, se fait aider des dauphins dans la capture du poisson. Réunis sur la plage, adultes et enfants guettent dans les eaux claires le passage d'un banc de poissons. Lorsque par bonheur il en passe un au loin, les enfants entrent dans l'eau et frappent la surface avec des bâtons pour avertir les dauphins. Ces derniers se rapprochent et obligent le banc de poissons à se diriger vers la plage. Les Imragen n'ont plus qu'à venir tendre leurs amples filets au bord de l'eau.

Les dauphins peuvent percevoir des sons très lointains. Ils reconnaissent comme un signal les coups de bâtons donnés à la surface de l'eau. Hommes et dauphins profitent ensuite ensemble de cette pêche en commun puisque les dauphins prennent leur part de poissons.

Lorsqu'un dauphin ambassadeur s'installe durablement dans une baie, il arrive qu'on crée un comité d'observation chargé de surveiller et de protéger le cétacé.

Les dauphins ambassadeurs

Quelle que soit leur espèce, les dauphins vivent en groupe. Pourtant, il existe parfois des individus qui, on ne sait pour quelles raisons, quittent le groupe pour mener une vie solitaire. Curieusement, ils cherchent alors la compagnie de l'homme, on les appelle « dauphins ambassadeurs ». Ce phénomène, qui n'est pas rare, concerne plus particulièrement la race des grands dauphins et dauphins communs. Le dauphin ambassadeur choisit généralement une côte ou une baie fréquentée où il vient se montrer régulièrement, suivant les bateaux, s'approchant des baigneurs, pendant une période qui peut s'étendre sur plusieurs années.

L'histoire de Dolphy

L'histoire du dauphin ambassadeur Dolphy est assez représentative. Cette dauphine commence à se montrer au large des Pyrénées orientales, au sud de la France, à la fin des années 1980. Faisant des apparitions plus ou moins régulières, elle devient de plus en plus présente en 1991 dans les baies de Banyuls et Collioure.

Elle se montre alors très joueuse, sautant aux côtés des bateaux de promenade, faisant des pirouettes au-dessus des vagues, cherchant à taquiner les baigneurs... Mais, à force de se laisser attraper par l'aileron pour tirer les baigneurs dans l'eau, sa peau s'infecta et on dut interdire à la population de la toucher.

À la suite de cet incident, Dolphy descendit plus au sud, vers l'Espagne, où elle fut repérée pour la dernière fois en compagnie d'autres dauphins en 1995.

MENACES ET DANGERS

Il semblerait qu'aujourd'hui toutes les espèces de dauphins voient leur population plus ou moins diminuer, comme par exemple les dauphins de Commerson (voir p. 21).
Les cétacés – car les dauphins ne sont pas les seuls touchés – sont principalement victimes de la pollution des océans, des pêches intensives et des techniques modernes de filets dérivants employés par les pêcheurs.
Quant aux échouages collectifs, qui ont de tout temps été observés, ils restent encore assez mystérieux pour les spécialistes.

Pour certaines populations du Pacifique, comme aux îles Salomon, le dauphin procure la viande de base des familles, la pêche y est traditionnelle. Mais pour d'autres pays comme le Japon, qui a une nourriture variée, les quantités industrielles de dauphins pêchés pourraient largement être réduites.

Il semble que ces filets dérivants soient imperceptibles par le sonar des dauphins. Les animaux s'empêtrent dans leurs mailles et finissent par se noyer, faute de pouvoir remonter respirer en surface.

La pêche

Si en Europe la pêche au dauphin n'est plus de mise, il reste des endroits dans le monde où elle est encore très active. En France, depuis 1970, il est interdit de tuer ou de capturer des dauphins. Mais en Asie, comme au Japon, où les quantités de dauphins pêchés sont considérables, il n'y a pas de telle loi. Au Chili, la viande de dauphin sert d'appât et, au Sri Lanka (au sud de l'Inde), on estime que près de 20 000 dauphins sont harponnés chaque année.

Les filets dérivants : des pièges géants

Utilisés par de nombreux pêcheurs à travers le monde, les filets dérivants causent la mort de milliers de dauphins chaque année. Ces filets de Nylon géants sont des pièges mortels dont certains mesurent 30 m de haut et s'étirent parfois sur plus de 20 km.

La pollution

La liste des matières chimiques et toxiques libérées dans les océans s'est considérablement allongée ces dernières décennies.
Les herbicides, pesticides, insecticides, les hydrocarbures ainsi que les métaux (mercure, plomb, zinc...) et autres polluants se fixent dans les organismes et se propagent par la chaîne alimentaire. Chez les dauphins, ils pourraient être la cause de cancers, d'intoxications, de déterioration d'organes comme le foie et les poumons... Les déchets plastiques comme les sacs, par exemple, entaînent aussi l'étouffement des dauphins.

Dauphins soldats

Entre les années 1960 et 1995, les militaires, notamment l'armée américaine, ont cherché à exploiter les formidables capacités des dauphins. L'armée les a dressés à observer (en les munissant d'une caméra vidéo fixée sur leur rostre), à repérer des mines sous-marines et parfois à les remonter.

◀ *Bien que ce soit rare, il arrive que des cétacés soient trouvés échoués vivants sur une plage. Il est important alors de procéder à des gestes indispensables d'urgence. Tout d'abord, prévenir les autorités compétentes (pompiers, services vétérinaires...). Ensuite, il faut absolument maintenir leur corps mouillé, pour cela, il est vital de les arroser d'eau de mer et de disposer des serviettes de bain humides sur leurs corps (sans obstruer l'évent). Un parasol pourra les protéger du soleil. En attendant les secours, il ne faut surtout pas essayer de déplacer les animaux.*

Les échouages

Il arrive qu'un cétacé malade ou âgé meurt en mer et que l'eau dépose son cadavre sur la plage, ceci est un phénomène naturel. Mais l'échouage de plusieurs cétacés simultanément sur un même rivage reste très mystérieux pour les spécialistes. Diverses causes ont été envisagées : l'empoisonnement dû à des algues toxiques ou à des poissons intoxiqués, un virus mortel provoquant une épidémie, une défaillance du système d'orientation d'un des dauphins guides du groupe qui entraînerait tous les autres vers la côte... Mais aucune hypothèse ne peut être aujourd'hui confirmée.

LES PAPILLONS

Conception
Émilie BEAUMONT

Auteur
Cathy FRANCO

Illustrations
Bernard ALUNNI
et Marie-Christine LEMAYEUR

Avec la collaboration de Jacques Pierre,
entomologiste au Museum d'Histoire Naturelle de Paris

LE PAPILLON

Il se distingue des autres insectes par ses ailes couvertes de minuscules écailles colorées et sa trompe creuse dont il se sert comme d'une paille pour absorber le nectar des fleurs. On compte environ 150 000 espèces de papillons, dont une grande majorité vit la nuit (près de 80 %). Les papillons se répartissent sur presque toutes les régions du globe où se développe la végétation. Leur vie se déroule en quatre phases : l'œuf, la chenille, la nymphe ou chrysalide, et enfin l'imago (l'insecte adulte).

Les ailes

Les quatre ailes du papillon, de fines membranes, sont parcourues de nombreuses nervures creuses dans lesquelles circulent le sang de l'insecte, l'hémolymphe, et de l'air. Ce réseau de nervures assure la rigidité des ailes, comme le font les armatures d'un cerf-volant.

Une mosaïque de couleurs

Les ailes du papillon sont couvertes de milliers d'écailles microscopiques. Elles sont plantées dans la membrane et se chevauchent comme les tuiles d'un toit, protégeant l'insecte de l'humidité. La disposition de ces écailles et les pigments qu'elles contiennent donnent aux ailes leurs couleurs et leurs dessins variés.

Une vue panoramique

Les deux gros yeux bombés du papillon sont composés de milliers de petits yeux, appelés facettes, regardant chacun dans une direction légèrement différente. Ils permettent à l'insecte de détecter tout ce qui est en mouvement autour de lui. Sa vision est assez floue, mais il distingue très bien les couleurs, à part le rouge. Il voit aussi des couleurs invisibles à nos yeux, comme l'ultraviolet (rayon lumineux du soleil).

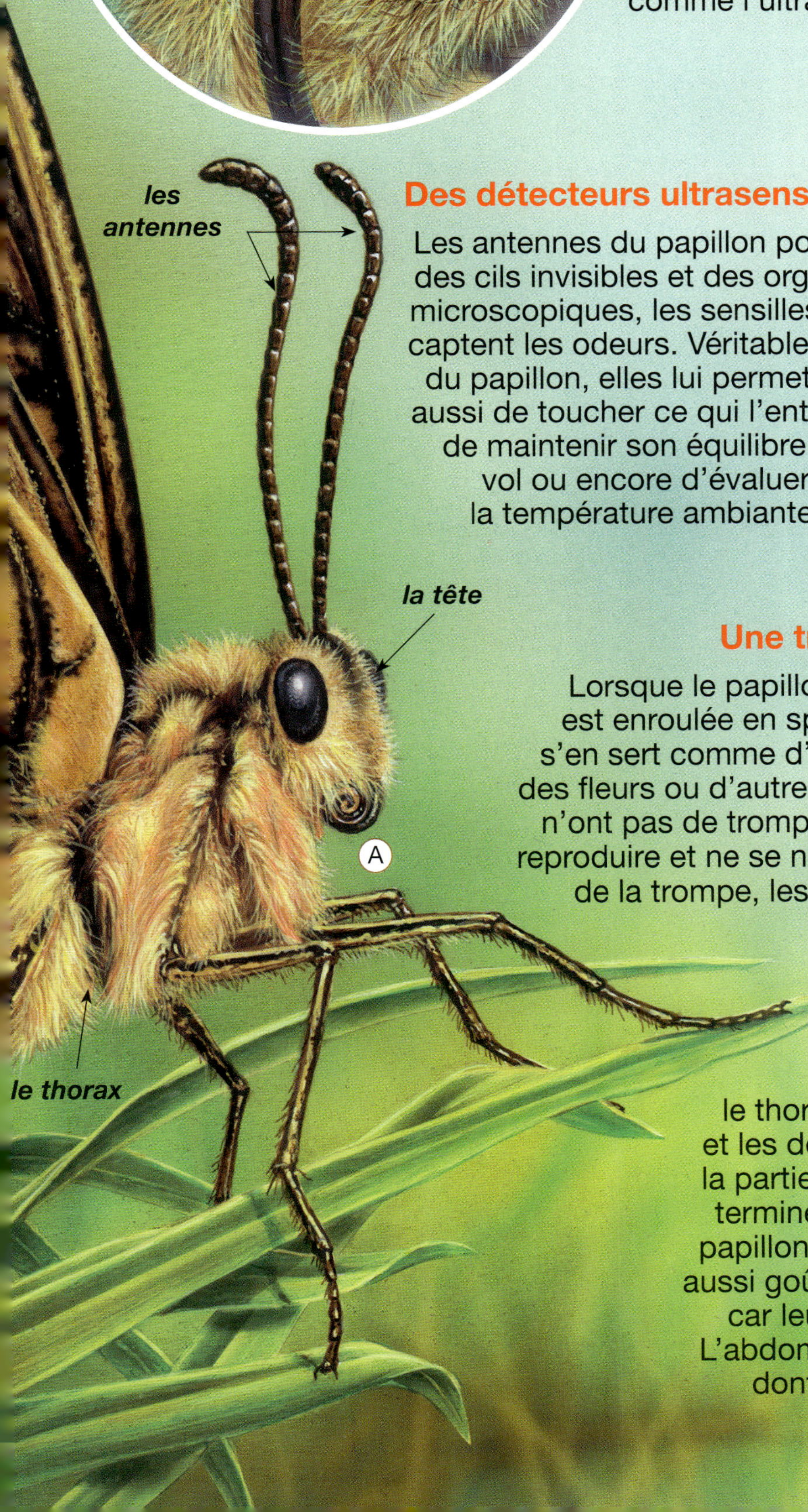

Des détecteurs ultrasensibles

Les antennes du papillon portent des cils invisibles et des organes microscopiques, les sensilles, qui captent les odeurs. Véritables nez du papillon, elles lui permettent aussi de toucher ce qui l'entoure, de maintenir son équilibre en vol ou encore d'évaluer la température ambiante.

Pour aspirer le nectar des plantes, le papillon déroule sa trompe.

Une trompe pour se nourrir

Lorsque le papillon s'envole ou se repose, sa trompe est enroulée en spirale sous sa tête (A). Il la déroule et s'en sert comme d'une paille pour aspirer le nectar sucré des fleurs ou d'autres liquides (B). Certains papillons de nuit n'ont pas de trompe, car ils ne vivent que le temps de se reproduire et ne se nourrissent pas. Situés de part et d'autre de la trompe, les palpes servent à tâter la nourriture.

Un corps en trois parties

Comme tous les insectes, le papillon a un corps divisé en trois parties : la tête, le thorax et l'abdomen. Les trois paires de pattes et les deux paires d'ailes sont soudées au thorax, la partie la plus puissante du corps. Les pattes se terminent par deux petites griffes permettant au papillon de s'accrocher fermement. L'insecte peut aussi goûter les aliments avec le bout de ses pattes, car leur extrémité porte des organes gustatifs. L'abdomen contient la plupart des organes vitaux, dont les systèmes digestif et reproducteur.

Papillon de jour ou de nuit ?

En général, les papillons actifs le jour ont de fines antennes terminées par un renflement en forme de massue et des couleurs plutôt vives. Au repos, ils joignent leurs ailes à la verticale. Les papillons actifs la nuit ont des antennes aux formes variées, mais jamais en massue. Leur corps est souvent trapu, leurs couleurs sont plutôt ternes, et ils gardent généralement les ailes étendues de chaque côté de leur corps lorsqu'ils se reposent. Toutefois, il n'existe pas réellement deux groupes de papillons bien distincts. Certains papillons actifs le jour possèdent des caractéristiques propres aux papillons dits « de nuit », et vice versa. Cette division reste plus pratique que scientifique.

Un papillon de jour.

Un papillon de nuit.

Drôles d'antennes

Beaucoup de papillons de nuit sont équipés d'antennes en forme de peignes ou de plumes. Leur surface plus large et forcément plus sensible permet aux mâles d'identifier l'odeur d'une femelle à de grandes distances, jusqu'à 10 km chez certaines espèces !

À droite, quelques espèces de papillons de la forêt tropicale, dont le magnifique morpho bleu (Morpho peleides) *aux reflets irisés.*

Des grands et des petits

La taille des papillons varie énormément selon les espèces. Les plus minuscules mesurent 2 mm ! L'*Attacus atlas*, ci-contre, est l'un des plus beaux et plus grands papillons du monde : jusqu'à 28 cm d'un bout de l'aile à l'autre. Le record d'envergure (30 cm) appartient à une autre espèce *(Thysania agrippina)*, mais la surface des ailes est moins importante.

Combien de temps vit un papillon ?

Certains papillons ne vivent que quelques jours, le temps de se reproduire. La plupart des espèces vivent deux à trois semaines, mais celles qui hibernent peuvent vivre jusqu'à 8 ou 9 mois. En vieillissant, le papillon perd ses écailles et ses jolies couleurs. Ses ailes se frangent, il vole de moins en moins bien et devient une proie facile pour ses prédateurs.

Où vivent les papillons ?

Les papillons se sont adaptés à presque tous les milieux où pousse la végétation. Dans les régions froides ou tempérées, ils profitent de la belle saison pour se reproduire. C'est sous les tropiques que l'on rencontre la grande majorité des espèces : près de 90 % ! Les papillons trouvent là un habitat idéal en raison de l'abondance des pluies et de la diversité des plantes.

LE TEMPS DES AMOURS

Se reproduire est l'unique but du papillon adulte. Mâles et femelles s'attirent surtout par les odeurs. Les papillons de jour se servent aussi de leurs yeux pour repérer un partenaire, mais ils doivent s'en approcher pour vérifier, à l'odeur, qu'il s'agit bien de la même espèce. Ce sont en général les mâles qui séduisent les femelles et doivent les convaincre de s'accoupler. Des œufs qu'elles vont pondre naîtront de petites chenilles qui deviendront de magnifiques papillons.

Le papillon, un grand séducteur

Pour trouver l'âme sœur, certains papillons mâles se postent à un endroit précis, sur une branche par exemple, et attendent qu'une femelle passe à leur portée. D'autres mâles patrouillent, butinant de-ci de-là, et rencontrent ainsi les femelles, qu'ils poursuivent de leurs ardeurs. Pour séduire une belle, ils effectuent une danse virevoltante autour d'elle et lui tapotent les antennes.

Juste avant l'accouplement, le mâle et la femelle échangent des odeurs stimulantes en se tapotant les antennes.

L'accouplement

Pour s'accoupler, le mâle s'unit à la femelle par l'extrémité de l'abdomen. Ils restent ainsi immobiles, dos à dos, pendant un laps de temps de quelques minutes à plusieurs heures selon les espèces. Si le couple est dérangé, il s'envole tout attaché pour aller se poser un peu plus loin. Aussitôt après l'accouplement ou dès le lendemain, la femelle se met en quête d'une plante pour pondre ses œufs.

La ponte

La femelle du papillon dépose en général ses œufs sur une ou plusieurs plantes bien déterminées : celle(s) dont les petites chenilles auront besoin pour se nourrir. Suivant les espèces, les papillons pondent quelques dizaines à plusieurs centaines d'œufs aux formes, structures et couleurs variées. La femelle dispose ses œufs isolément, par petits paquets, ou plus rarement en masse. Quelques espèces larguent leurs œufs en plein vol au-dessus des plantes. La femelle du machaon (à gauche) pond ses œufs sous les feuilles et les tiges de fenouil ou de carotte. Ils ne tombent pas car ils sont enrobés d'une substance collante. Une autre espèce de papillon pond ses œufs en chapelets verticaux sous les feuilles d'ortie (ci-dessus).

Le machaon adulte mesure jusqu'à 9 cm d'envergure. Il peuple les prairies fleuries d'Europe.

Certaines guêpes ou mouches parasites pondent leurs œufs à l'intérieur de ceux des papillons (à droite). Leurs larves s'y développent en se nourrissant de celles des papillons et, quand l'œuf éclôt, c'est soit une petite mouche, soit une petite guêpe qui en sort !

L'éclosion

Le plus souvent, les œufs des papillons éclosent au bout d'une semaine environ. Avec ses mandibules, la petite chenille découpe un cercle dans la coque de l'œuf. Elle sort d'abord la tête, puis le reste de son corps, en se tortillant dans tous les sens. La coquille tendre constitue souvent son premier repas. Elle contient en effet d'importants éléments nutritifs.

L'œuf du machaon (ci-dessus) éclôt au bout de cinq jours. La minuscule chenille mesure à peine 2 mm.

LA CHENILLE

À peine sortie de l'œuf, la chenille se consacre à son activité essentielle : manger pour accumuler les réserves qui lui permettront de se transformer en papillon. Elle est si goulue qu'elle grossit très vite. Comme sa peau n'est pas élastique, elle doit en changer plusieurs fois : c'est ce qu'on appelle la mue. La vieille peau trop étroite se fend et laisse apparaître une peau toute neuve, parfois d'une couleur différente de la précédente. En quelques semaines, la chenille va atteindre sa taille définitive.

Morphologie de la chenille

La chenille a un long corps cylindrique divisé en anneaux. Pour saisir les feuilles, elle utilise ses trois premières paires de pattes, munies de griffes, et pour se déplacer et s'agripper, elle se sert de ses « fausses » pattes, sortes de bourrelets graisseux terminés par des ventouses. La tête porte deux minuscules antennes et six yeux presque invisibles qui distinguent l'ombre et la lumière. La bouche est armée de puissantes mâchoires, les mandibules, qui broient les aliments.

Cette chenille de machaon dévore une tige de fenouil. Depuis sa sortie de l'œuf, elle a déjà bien grossi et mesure désormais 4 cm (contre 2 mm à la naissance). Sa peau a changé de couleur.

Un appétit d'ogre

La chenille passe le plus clair de son temps à manger. En quelques semaines, elle va multiplier son poids de naissance par 1 000, 3 000 ou même 10 000 selon les espèces ! La plupart des chenilles se nourrissent de végétaux, surtout de feuilles. D'autres préfèrent les fleurs, les fruits ou les racines. Certaines grignotent le bois, dans lequel elles creusent des galeries. La chenille de la mite s'attaque à la peau des charognes et même à nos vêtements de laine ou de coton, dans lesquels elle fait de nombreux petits trous.

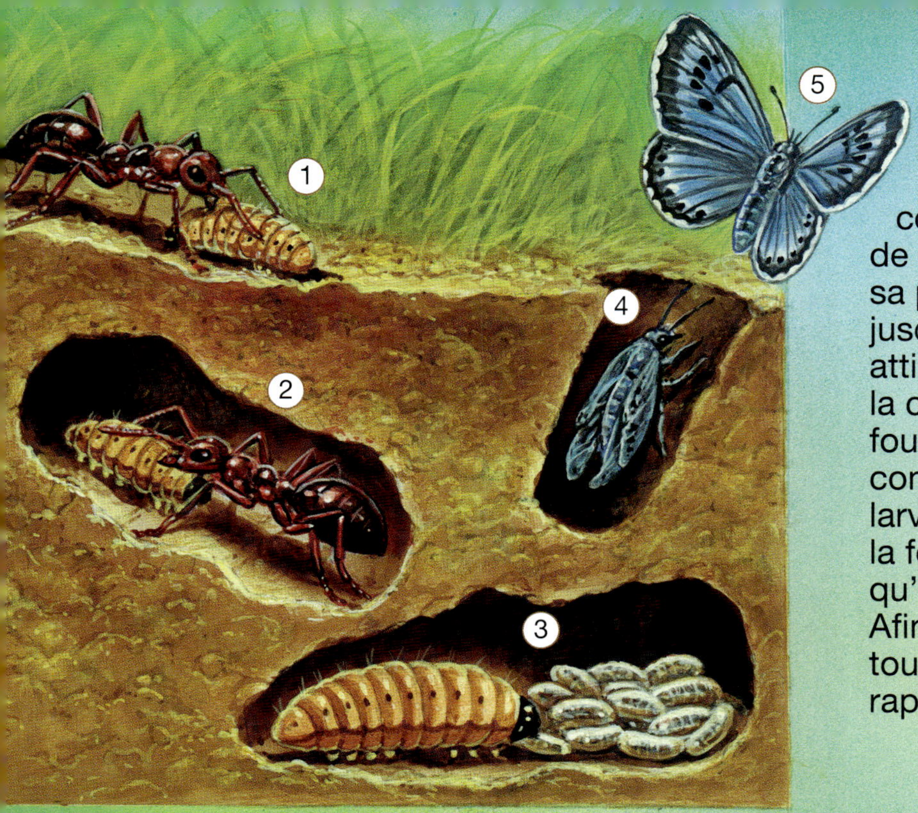

Une chenille étonnante

La chenille de l'azuré-du-serpolet commence par se nourrir des fleurs de serpolet ou d'origan. Puis elle quitte sa plante nourricière et erre sur le sol jusqu'à ce qu'une fourmi *Myrmica*, attirée par le liquide sucré que sécrète la chenille (1), la transporte au cœur de sa fourmilière (2). La chenille change alors complètement de régime et dévore les larves de ses hôtes (3). C'est aussi dans la fourmilière, bien à l'abri des prédateurs, qu'elle va se transformer en papillon (4). Afin de ne pas se faire dévorer à son tour, l'insecte éclos devra sortir rapidement du nid (5) !

Gourmandises ailées

Avec la chenille de l'*Eupithecia* (à droite), les mouches n'ont qu'à bien se tenir ! Dès que l'une d'elles passe à sa portée, la chenille détend son corps, s'abat sur l'insecte en une fraction de seconde et s'en régale !

De nombreux prédateurs

Les chenilles constituent un mets de choix pour les oiseaux insectivores et leurs petits. Les lézards et les crapauds en sont également friands, de même que certaines punaises ou araignées, et que bien des mammifères (musaraignes, hérissons, taupes...). De nombreuses espèces de fourmis s'attaquent elles aussi aux chenilles. Sans compter les petites guêpes et mouches parasites qui pondent dans le corps des chenilles après en avoir percé la peau. À peine écloses, leurs larves vont dévorer la pauvre chenille de l'intérieur... jusqu'à la tuer.

DE LA CHENILLE AU PAPILLON

Devenue bien grasse, la chenille cesse de manger et cherche un endroit pour se transformer en nymphe. Seules les nymphes de couleur dorée sont appelées chrysalides, du grec *chrysos*, qui signifie « doré ». Pour effectuer cette incroyable métamorphose, certaines chenilles se fixent à un support par quelques fils de soie (c'est le cas de la plupart des chenilles de papillons de jour). D'autres s'enterrent, s'enroulent dans une feuille ou encore tissent autour d'elles un cocon de soie qui abritera la nymphe.

De la chenille à la nymphe

Quatre semaines après sa sortie de l'œuf, la chenille du machaon a atteint sa taille définitive. Elle a bien grandi et mesure désormais 4 cm. Elle s'apprête à muer une dernière fois. Ayant trouvé une tige ou une brindille abritée, elle confectionne avec ses

Une loge souterraine

Beaucoup de chenilles se cachent sous les feuilles, la mousse ou les pierres pour se changer en nymphes. D'autres s'enfoncent dans le sol jusqu'à 20 cm ou plus et s'y aménagent une petite loge. Aussitôt éclos, le papillon remonte à la surface, ailes et antennes plaquées contre le corps, en s'aidant, semble-t-il, de ses pattes. Certaines espèces portent sur le front une sorte d'outil perforateur qui les aide à se frayer un passage !

Les prédateurs des nymphes

Ils sont plus nombreux qu'on ne le croit : oiseaux, lézards, petits mammifères, coléoptères, araignées, parasites. Pour se défendre, beaucoup de nymphes ont des couleurs vertes, brunes ou gris foncé qui les rendent pratiquement invisibles dans leur environnement. Certaines ont l'aspect d'une feuille enroulée. D'autres sont garnies d'épines.

Nymphe avec épines protectrices.

glandes salivaires un coussinet de soie sur la plante et s'y cramponne à l'aide de ses fausses pattes arrière (1). Puis elle se redresse en se contorsionnant et s'attache avec une ceinture de soie (2). Cette soie est enduite d'une substance collante qui adhère bien au support.

La chenille reste ainsi immobile pendant deux ou trois jours. Puis sa peau se déchire une dernière fois. Mais, au lieu d'une peau molle, c'est une carapace tendre et humide qui apparaît : celle de la nymphe (3 et 4). C'est à l'intérieur de cet étui protecteur que va s'élaborer le corps du futur papillon.

La nymphe durcit rapidement au contact de l'air.

La vieille peau se fend, et la nymphe encore toute molle apparaît.

Un cocon de soie

Certaines chenilles de papillons de nuit (les bombyx) tissent un cocon de soie protecteur dans lequel elles s'enferment pour se transformer en nymphes (ci-dessous). La fabrication du cocon peut prendre jusqu'à deux jours. La chenille sécrète un long fil de soie dont elle s'entoure en effectuant avec son corps une sorte de huit. Depuis la plus haute Antiquité, la soie, ce précieux tissu au toucher si doux, est produite à partir de l'élevage de certaines chenilles de papillons, dont le ver à soie, qui est la chenille d'un petit papillon blanc : le bombyx du mûrier.

L'incroyable métamorphose

À l'intérieur de la nymphe, d'importantes transformations s'opèrent. Le corps de la chenille se liquéfie complètement (il devient liquide) et se réorganise. Peu à peu prend forme le corps du papillon. Le temps passé sous forme de nymphe est variable : de quelques jours à plusieurs mois si la nymphe hiberne.

Dans certains pays chauds, la nymphe stoppe son développement durant la saison sèche, sinon le papillon ne pourrait pas se nourrir, faute de fleurs à butiner. Le machaon (ci-dessous) passe trois semaines sous forme de nymphe (tout l'hiver si la chenille s'est transformée à l'automne).

Le papillon est prêt à éclore. On entrevoit déjà son corps par transparence. Soudain, l'enveloppe de la nymphe se déchire.

Les ailes du papillon sont tout humides et chiffonnées. Afin qu'elles se déploient, l'insecte se met à respirer très fort pour envoyer du sang et de l'air dans les nervures creuses qui les parcourent.

Le papillon reste immobile jusqu'à ce que ses ailes se tendent, sèchent et durcissent au contact de l'air. Il attend ainsi une demi-heure environ.

Les ailes sont maintenant bien sèches et complètement déployées. Le papillon les fait vibrer, puis il s'envole. Sa vie d'adulte peut commencer.

Pluie de sang

Peu de temps après l'éclosion, le papillon rejette des gouttelettes colorées correspondant à des déchets organiques dont il n'a plus besoin. Chez certaines espèces, ce liquide est rouge sang et, quand plusieurs papillons éclosent en même temps, le sol ou les feuilles sont tachés de rouge. Au Moyen Âge, les gens, terrorisés, croyaient qu'il pleuvait du sang et interprétaient ce signe tombé du ciel comme un mauvais présage.

DRÔLES DE CHENILLES

Chenilles indigestes

Beaucoup de chenilles sont couvertes de poils, parfois urticants, qui donnent des démangeaisons ou brûlent quand on les touche. D'autres sont ornées de piquants ou de touffes d'épines, autant d'armes dissuasives contre un éventuel prédateur. Les oiseaux préfèrent généralement ne pas s'attaquer à ces chenilles qui restent en travers du gosier !

Chenilles processionnaires se déplaçant en file indienne.

À la queue leu leu

La plupart des chenilles de papillons mènent une vie solitaire. Mais certaines, comme les chenilles processionnaires du pin, vivent en société. Elles construisent dans le pin un grand nid de soie (A) dont elles sortent la nuit pour aller dévorer les aiguilles. Elles se déplacent toujours à la queue leu leu. Au printemps, la colonie quitte le nid pour opérer la nymphose dans le sol. Il n'est pas rare alors de voir les chenilles traverser en file indienne (B) une route ou un chemin à la recherche d'un terrain ensoleillé. Il ne faut surtout pas les toucher, car leurs poils peuvent provoquer des démangeaisons très vives et de violentes réactions allergiques ! Extrêmement voraces, ces chenilles peuvent dépouiller complètement un pin de ses aiguilles et causer de gros dégâts dans les forêts.

Mini-serpent

Lorsqu'elle se sent menacée, la chenille du sphinx (à gauche) rentre sa tête, gonfle son corps et exhibe deux faux yeux impressionnants. Ainsi, elle ressemble à un serpent miniature. Malheureusement, ce qui pourrait passer pour une technique d'intimidation ne décourage en rien les adversaires !

Une maison itinérante

La chenille du psyché (ci-contre) vit dans un fourreau qu'elle construit avec divers matériaux tels que des feuilles ou des brindilles. C'est, comme la coquille d'un escargot, une maison itinérante qu'elle ne quitte jamais et dans laquelle elle se réfugie entièrement en cas de danger.

Pour se défendre, la chenille de la queue-fourchue projette aussi un jet d'acide en direction de son agresseur.

Mise en garde

Importunée, la chenille de la queue-fourchue rétracte (rentre) les premiers segments de sa tête et dévoile un faux visage surprenant. En même temps, elle redresse l'arrière de son corps et fait saillir deux longs filaments rouges qu'elle agite comme des fouets en guise d'intimidation.

Une démarche originale

Dépourvue de pattes intermédiaires, la chenille du géomètre a adopté une démarche pour le moins acrobatique. Elle est obligée de former un arc avec son corps pour avancer. On dirait qu'elle mesure le sol ou la branche, comme un géomètre qui arpente un terrain. On l'appelle aussi « chenille arpenteuse ».

LA VIE DU PAPILLON

Devenu adulte, le papillon entame sa vie d'insecte ailé. Dès les beaux jours, il voltige à la recherche d'une femelle ou de fleurs à butiner et, tandis qu'il s'abreuve du nectar sucré, ses pattes se couvrent de pollen, qu'il dépose ensuite sur d'autres fleurs. Ainsi, ces dernières peuvent faire des graines et se reproduire. C'est ce qu'on appelle la pollinisation. Malheureusement, de plus en plus d'espèces de papillons sont menacées à cause de la pollution, des pesticides et de la destruction de leur habitat.

Échauffement

Le papillon est un animal à sang froid : la température de son corps varie avec celle du milieu ambiant. Les papillons de jour ont besoin de chaleur pour pouvoir s'envoler. Au matin frais, frileusement agrippés à une tige et encore tout engourdis par la fraîcheur de la nuit, ils ouvrent grandes leurs ailes pour absorber au mieux la chaleur du soleil, puis s'envolent tout ragaillardis. Les papillons de nuit, eux, font vibrer leurs ailes pour échauffer leurs muscles et pouvoir s'envoler.

La journée du papillon

Une fois bien échauffé, le papillon visite les fleurs pour en aspirer le nectar, sa nourriture principale, et se consacre à l'unique mission de sa vie d'adulte : se reproduire. Les jours où il pleut, il s'abrite comme il le peut : sous une feuille, parmi les herbes... Les papillons de nuit se nourrissent aussi du nectar des fleurs. Celles qui s'ouvrent la nuit, comme le chèvrefeuille, ont souvent un parfum enivrant qui les attire. Certains papillons de nuit ne mangent absolument rien. Ils ne vivent que quelques jours, le temps de se reproduire.

Menus spéciaux

Beaucoup de papillons complètent leur menu en absorbant le jus des fruits pourris ou la sève qui coule des arbres blessés. D'autres apprécient les charognes ou les excréments d'animaux, dans lesquels ils plongent leur trompe. Le sphinx-tête-de-mort (à gauche) n'hésite pas à s'introduire dans les ruches pour voler le miel des abeilles, dont il est friand. Il doit son nom au dessin en forme de tête de mort ornant le haut de son dos. Sous les tropiques, certains papillons ont une trompe très courte et piquante qui leur permet de percer la peau des oranges et d'en absorber le jus, dont ils se nourrissent exclusivement (à droite).

Passer l'hiver

L'hiver est une saison difficile pour les papillons, qui n'ont plus rien à manger et que le froid engourdit. Beaucoup d'espèces passent la mauvaise saison à l'état d'œuf, de chenille ou de nymphe, attendant les beaux jours pour continuer leur développement. D'autres hivernent quand ils sont adultes. Ils vivent au ralenti, trouvant refuge dans un endroit abrité : un arbre creux, la fissure d'un mur, une cave, une cabane de jardin, etc.

Incroyables migrations

Comme les oiseaux, de nombreuses espèces de papillons effectuent des migrations saisonnières vers d'autres régions : pour éviter une surpopulation, pour fuir le froid... Les monarques sont les plus spectaculaires des papillons migrateurs. En septembre, ils délaissent le Canada et s'envolent vers le sud, jusqu'au Mexique et en Californie : un voyage de plus de 3 000 km ! Ils retournent toujours sur les mêmes sites, recouvrant chaque année les mêmes arbres. Au Mexique, près de 10 millions de monarques passent l'hiver sur un seul hectare de forêt ! Ils vivent au ralenti, attendant le retour des beaux jours. Au printemps, ils s'accouplent, et ce sont les générations suivantes qui remontent vers le nord.

LES PRÉDATEURS DES PAPILLONS

Oiseaux, lézards, chauves-souris... les prédateurs des papillons sont nombreux, même s'ils leur préfèrent les chenilles bien dodues. Les autres insectes sont souvent les pires ennemis des papillons. Les guêpes, les frelons, les libellules et certaines mouches carnassières les poursuivent en plein vol. La redoutable mante religieuse les chasse à l'affût. Certaines araignées les piègent dans leur toile, qu'elles tissent un peu partout dans la nature.

Piège mortel

Les papillons se retrouvent souvent pris dans des toiles d'araignées invisibles, tissées le long des haies ou dans les prés fleuris. L'araignée se précipite alors sur sa proie, la mord avec ses crochets venimeux et la ligote avec du fil de soie pour la manger plus tard. Mais, parfois, certaines espèces de papillons ont si mauvais goût qu'elles sont immédiatement rejetées de la toile. L'araignée crabe (à gauche) se tapit au cœur des fleurs, en prend la couleur et attend patiemment qu'un papillon s'y pose pour le mordre aussitôt et le paralyser.

Plus rapide que l'éclair

Les lézards sont de redoutables prédateurs pour les insectes, car ils sont très vifs lorsqu'ils chassent. Sous les tropiques, le caméléon fait bombance avec les papillons, particulièrement nombreux dans ces régions. Il chasse à l'affût, immobile sur une branche, attendant qu'une proie passe à sa portée. Sa langue est si longue qu'elle dépasse la longueur de son corps tout entier. En un éclair, le caméléon la projette comme un ressort dès qu'un papillon s'approche. Imbibée d'une salive gluante, la langue retient l'insecte après l'avoir assommé, puis revient à la bouche.

Chasser dans le noir

Pour localiser les papillons de nuit dans l'obscurité, la chauve-souris utilise une sorte de sonar, comme les sous-marins : elle émet des ultrasons (des bruits inaudibles pour nous), qui se réfléchissent sur les objets rencontrés et reviennent jusqu'à ses oreilles comme un écho. Ainsi, elle peut détecter un papillon en vol dans l'obscurité et foncer sur lui pour n'en faire qu'une bouchée !

Certains papillons peuvent entendre les ultrasons émis par une chauve-souris ; aussitôt ils se laissent tomber pour lui échapper. D'autres en émettent pour prévenir la chauve-souris qu'ils ont mauvais goût. Celle-ci, avec l'expérience, a appris à s'en méfier !

Fauve miniature

La mante religieuse est friande de papillons : elle les guette, immobile, habilement camouflée dans la végétation basse. Sa tête peut pivoter à 180°, ce qui lui permet de suivre le déplacement de ses proies sans bouger son corps. Dès que l'une d'elles passe à sa portée, elle détend instantanément ses pattes pour s'en saisir. Elle la dévore en quelques minutes, après l'avoir mise en pièces avec ses mandibules acérées.

LES DÉFENSES DES PAPILLONS

Les papillons disposent de peu de moyens de défense contre leurs prédateurs. En revanche, de nombreuses espèces parviennent à se camoufler habilement dans leur environnement grâce à la couleur de leurs ailes. C'est notamment le cas de certains papillons de nuit qui se reposent la journée et que l'on distingue à peine sur une écorce ou sur une pierre. D'autres papillons ont une apparence trompeuse ou sont venimeux.

On rencontre le papillon kallima en Asie.

Des as du camouflage

L'étonnant kallima (ci-dessus) ressemble à s'y méprendre à une feuille morte, jusqu'au détail des nervures ! De nombreux papillons de nuit se confondent parfaitement avec l'écorce des arbres sur lesquels ils se reposent la journée (à gauche).

Papillon ailes repliées.

Effet de surprise

Lorsqu'ils sont importunés par un oiseau, certains papillons dévoilent brusquement leurs ailes postérieures, sur lesquelles sont dessinés de faux yeux impressionnants. Ils profitent alors de l'effet de surprise créé pour tenter d'échapper à leur agresseur !

Papillon ailes déployées dévoilant deux faux yeux.

Attention, poison !

Un bon moyen de ne pas devenir la proie d'ennemis est d'être immangeable. Certains papillons ont très mauvais goût. D'autres renferment dans leur corps un poison qui rend les oiseaux très malades. Ces derniers apprennent avec l'expérience à s'en méfier. La chenille du monarque (ci-contre) se nourrit de l'asclépiade, une plante contenant un poison. Ce poison subsiste dans le corps du papillon pendant la métamorphose, le protégeant ainsi des prédateurs.

Les ailes enroulées autour du corps, certaines espèces de la famille des noctuelles ont tout d'une branchette cassée (ci-dessous).

Une apparence trompeuse

Est-ce pour échapper à certains prédateurs que la sésie apiforme (ci-dessus) a l'apparence d'une guêpe ? Rien n'est moins sûr. Mais la ressemblance est pour le moins troublante : le papillon a des ailes transparentes, quasiment dénuées d'écailles, son abdomen est rayé de noir et de jaune, et en plus il émet un bourdonnement en vol... De quoi tromper plus d'un adversaire !

Ornithoptera goliath
(Papouasie-
Nouvelle-Guinée)
Agrias claudina
(Pérou)
Thecla coronata
(Pérou)
Diaethria clymena
(Pérou)
Cymothoe sangaris
(Afrique centrale)
Gamelia musta
(Pérou)

Morpho hecuba
(Brésil)
Graellsia isabellae
(France)
Urania riphaeus
(Madagascar)
Papilio rumanzovia
(Philippines)
Vanessa cardui
(France)
Arctia caja
(Hémisphère Nord)

LES ANIMAUX DE LA SAVANE

Texte
Émilie BEAUMONT

Images
Sandrine LEFEBVRE

LE ZÈBRE

Le zèbre ressemble à un petit cheval qui aurait enfilé un pyjama rayé blanc et noir. Chaque animal a des rayures différentes, même si, apparemment, elles semblent identiques. Elles sont plus ou moins fines et serrées suivant la région où vit le troupeau. Chez certaines espèces, elles s'étirent jusqu'aux flancs en rétrécissant.
Les zèbres forment de petits groupes dirigés par un mâle qui les protège. Ils vivent souvent paisiblement avec d'autres animaux, comme les gnous ou les antilopes. Ils se partagent sans problème la nourriture, les zèbres préférant les végétaux plutôt durs, alors que les gnous et les antilopes préfèrent les plantes plus tendres.

La vie du petit zèbre

Le petit naît généralement pendant la nuit. C'est une proie rêvée pour les hyènes, qui rôdent souvent autour du troupeau. Mais la mère protège son petit. Elle l'oblige à se lever très vite et à trotter auprès d'elle.

Des rayures défensives

Les rayures sont un camouflage qui protège des prédateurs. Quand le troupeau s'éparpille, les rayures s'embrouillent et le prédateur perd de vue l'animal qu'il avait repéré. Les rayures sont une carte d'identité qui permet à la mère de reconnaître son petit, au mâle de reconnaître ses femelles, aux membres d'une même famille de s'identifier. On pense que cette robe rayée est aussi une protection contre les piqûres de la mouche tsé-tsé, qui préfère piquer les surfaces unies !

En général, les bagarres sont rares. Mais au moment des amours, pour conquérir une femelle, les mâles se battent. Ils se dressent alors l'un contre l'autre et se laissent tomber sur le cou de l'adversaire, les pattes en avant. Les coups de dents et de sabot ne sont pas exclus. À la fin, le plus faible abandonne.

Une femelle devient adulte à l'âge de deux ans. Elle quitte alors sa famille et part à la recherche d'un autre groupe. Elle y rencontrera un mâle, avec lequel elle formera une nouvelle famille.

La fuite est le seul moyen de défense.

Attention aux fauves !

Quand les zèbres sont au bord de l'eau pour boire, ils sont en danger, car c'est souvent le moment que choisit le lion pour les attaquer. Généralement, pendant que certains se désaltèrent, d'autres surveillent les alentours. Lorsque les zèbres sentent la présence d'un fauve, ils n'ont qu'un moyen pour s'échapper : c'est la fuite. Paniqués, ils sont alors capables de courir à plus de 60 km/h.

LE RHINOCÉROS

Le rhinocéros est un des plus gros mammifères après l'éléphant. Son poids peut atteindre 3 tonnes ! Il n'a pas de poils, sauf au bout de ses oreilles et de sa queue. C'est un animal court sur pattes, mais cela ne l'empêche pas de courir très vite quand il se met en colère. À leur naissance, les petits rhinocéros n'ont pas de cornes et sont capables de marcher presque immédiatement. Leur mère les allaite pendant environ deux ans, mais ils restent avec elle jusqu'à l'âge de sept ans. Cet animal a été chassé très longtemps pour ses cornes. Les rhinocéros sont protégés mais encore menacés en raison du braconnage.

Le rhinocéros en colère

Le rhinocéros voit mal. De plus, il est gêné par ses cornes. En revanche, son odorat est très développé et son ouïe fine. Quand il est surpris par un bruit inhabituel ou alerté par une odeur qu'il ne connaît pas, il se met à charger en fonçant droit devant lui. Il heurte alors aussi bien un arbre, un buisson qu'un camion qui passerait par là !

Quand le rhinocéros se met à charger, il peut atteindre la vitesse de 45 km/h et changer de direction en un clin d'œil.

Des oiseaux de bonne compagnie

Le rhinocéros se déplace souvent avec un ou deux oiseaux sur le dos. Ils ont un rôle bien particulier. En effet, ils débarrassent l'animal des mouches et autres petites bêtes qui pourraient l'agacer. Certains oiseaux, comme le pique-bœuf, sont capables de le prévenir d'un danger.

La plus grande corne du rhinocéros noir africain peut mesurer jusqu'à 1,40 m.

Le rhinocéros aime l'eau et se vautre souvent dans la boue. En séchant, celle-ci forme une croûte qui protège sa peau des piqûres d'insectes.

Les prédateurs du rhinocéros

Il arrive que, pendant la saison des amours, deux mâles se battent entre eux. Les combats sont violents et parfois un des deux mâles perd une corne. Mais le rhinocéros ne craint aucun animal. Sa taille imposante, sa peau épaisse et ses cornes très dures le mettent à l'abri des carnivores comme le lion, en Afrique, ou le tigre, en Asie.
Son seul prédateur est l'homme, qui le chasse pour ses cornes, qu'il réduit en poudre ou dans lesquelles il taille des manches de poignard. Malgré les règles de chasse définies pour la protection de l'espèce, les braconniers le tuent sans vergogne.
Les gardes ont donc décidé de couper eux-mêmes les cornes tant convoitées, car les braconniers ne touchent plus aux animaux mutilés.

Contrairement à ses cousins africains, le rhinocéros indien n'a qu'une corne, assez courte, mesurant jusqu'à 60 cm. Son corps est recouvert d'énormes plaques de peau épaisse. Dans ses plis profonds se cachent les parasites que vont chercher les hérons garde-bœufs. Il vit en solitaire. Les combats à la saison des amours sont violents, souvent mortels. Il se cache dans les hautes herbes, qui constituent sa principale alimentation.

Après quinze mois de gestation, la mère donne naissance à un petit de 40 kg. Il mange des aliments solides au bout de quelques semaines.

Le rhinocéros se nourrit surtout de plantes et d'arbustes. Il mange beaucoup, car son repas est composé d'aliments peu nutritifs : herbe, branches et feuilles.

L'HIPPOPOTAME

Comme l'éléphant et le rhinocéros, l'hippopotame est un pachyderme. Ce mot signifie « à peau épaisse ». Il pèse environ 3 tonnes. Son odorat est bien développé et il a une bonne vue. Si les mâles se battent entre eux, les femelles, en revanche, s'entendent bien et il arrive qu'une mère confie son petit à une autre. Il existe un hippopotame nain, souvent solitaire, qui vit plus dans la forêt que dans l'eau. Quand les hippopotames se déplacent en groupe, ils sont guidés par un vieux mâle, qui choisit le meilleur endroit pour nourrir toute la troupe. Les hippopotames vivent dans les rivières, les lacs et les mares d'Afrique.

La mère et son petit

Après huit mois de gestation, la femelle s'éloigne du groupe pour mettre bas. Son petit, qui pèse déjà 30 kg, court derrière elle pour prendre son premier bain. Il plonge en apnée pour téter. Pendant une dizaine de jours, mère et petit vivent ensemble puis rejoignent la troupe.

L'hippopotame a une très grande gueule, utile pour engloutir les jeunes plantes, dont il raffole. Quand le mâle bâille, c'est en fait pour impressionner un intrus ou un ennemi. On pense même que l'ouverture de sa gueule dépend de sa place dans la hiérarchie du groupe.

Dès la naissance, le petit apprend à nager, bien collé à sa mère. Quand des crocodiles s'approchent, il monte sur le dos de sa mère pour être en sécurité, mais il n'y reste jamais très longtemps, car le soleil est brûlant.

L'eau vitale

L'eau est vitale pour l'hippopotame, car sa peau ne supporte pas le soleil. Si l'eau de la mare dans laquelle il se baigne s'évapore, s'il ne lui reste plus le moindre espace de boue, le pachyderme s'épuise et meurt, souvent attaqué par les hyènes, qui sont toujours à l'affût. Les Grecs l'ont baptisé « cheval du fleuve », bien qu'il ne ressemble pas à un cheval, car il est effectivement plus souvent dans l'eau que sur terre.

La crèche

Quand son petit est avec elle, la mère le garde à sa hauteur pour mieux le surveiller. Elle le confie parfois à une grand-mère ou à une tante. En effet, jusqu'à l'âge de six ou huit mois, les petits vont à la crèche. Une femelle surveille les petits, qui dorment ou jouent sur la rive. Dès qu'elle s'en va, elle est relayée par une autre.

Un querelleur

Les mâles adultes s'affrontent souvent dans de violents combats. Les marques laissées dans la chair sont la preuve des cruels coups de canines, qui sont parfois longues de 60 cm et sont aiguisées comme des poignards.

Les règles de vie en société

Une grande promiscuité, surtout dans les mares, oblige les hippopotames à avoir des règles de vie précises et absolues. Les femelles et les jeunes sont au centre, protégés par les mâles tout autour. Quand les codes de la bienséance ne sont pas respectés, telles la hiérarchie ou la soumission devant une femelle, les mâles du groupe se chargent de mater l'impudent à coups de dents.

L'hippopotame passe sa journée dans l'eau. Ses narines, ses yeux et ses oreilles sont au sommet de sa tête. Ainsi, quand il est presque complètement dans l'eau, il peut surveiller facilement les environs. L'hippopotame nage, mais il se déplace aussi dans l'eau en marchant sur le fond de la rivière ! Il ferme ses narines et ses oreilles, et reste ainsi sous l'eau pendant plusieurs minutes ! Il broute peu de plantes aquatiques pendant la journée. Il sort donc à la tombée du jour, quand le soleil est moins brûlant, pour aller chercher sa nourriture. Il mange jusqu'à 60 kg d'herbe par jour.

LE GNOU

Pendant très longtemps, la savane africaine a été envahie par d'immenses troupeaux de gnous. Aujourd'hui, ils sont moins nombreux. Suivant le lieu où ils habitent, leur comportement est différent. Ceux qui vivent dans les régions humides sont divisés en troupeaux de mâles et en troupeaux de femelles accompagnées de leurs petits. Ils se déplacent très peu. Les gnous qui vivent dans des régions soumises à la sécheresse font ensemble de longs déplacements vers des territoires plus humides, où ils trouveront de l'herbe. Au début du mois de juin, de vieilles femelles annoncent l'heure du départ.

Sous haute surveillance

Le jeune gnou reste auprès de sa mère jusqu'à la naissance du suivant. Il naît à la bonne saison, lorsque l'herbe est abondante. Il doit être bien surveillé, car les hyènes n'attendent qu'un moment d'inattention de sa mère pour l'attaquer. S'il résiste aux périodes de sécheresse et aux fauves, le jeune gnou pourra vivre près de vingt ans.

Les grandes migrations

Quand les gnous se déplacent pendant les périodes de sécheresse, à la recherche de nourriture, ils forment de longues colonnes de plusieurs kilomètres. C'est un spectacle impressionnant ! Ils avancent tous, comme attirés par quelque chose. Aucun obstacle ne les arrête.

Beaucoup meurent durant ces déplacements, qui sont très épuisants. Les troupeaux peuvent en effet parcourir de longues distances pendant des jours et des jours. Certains font jusqu'à 50 km dans une journée, cela en fonction de l'herbe qu'ils trouvent. Quand la saison humide arrive dans la région qu'ils avaient quittée, ils font demi-tour.

Les gnous traversent toujours les rivières aux mêmes endroits et les chemins empruntés depuis plusieurs générations sont devenus abrupts et donc dangereux. Dans ces goulots d'étranglement, la panique et la bousculade font un massacre. Si un gnou a le malheur de trébucher en remontant sur la rive, il se fait piétiner par les autres, qui continuent, indifférents. Les gnous sont de bons nageurs et de bons grimpeurs. Malgré cela, beaucoup périssent écrasés, embourbés ou mangés par les crocodiles.

Les prédateurs

Leurs principaux ennemis sont les fauves et les crocodiles, qui s'attaquent surtout aux gnous blessés ou isolés. Les reptiles, les poissons et les oiseaux dévorent les restes de gnous morts lors de la transhumance. En quelques semaines, il ne reste aucune trace de l'hécatombe. Mais le troupeau se reconstitue très vite.

LES GAZELLES

Ce sont des mammifères très gracieux, au corps élancé et aux longues pattes fines. Elles font des bonds de quelques mètres, parfois plusieurs de suite. Leur museau ressemble à celui des chèvres, mais il est plus allongé. Les gazelles ont une excellente vue. Elles vivent en troupeau et se nourrissent d'herbe ou de buissons. Elles peuvent rester longtemps sans boire pendant les périodes de sécheresse. Quand un petit naît, la mère le cache jusqu'à ce qu'il puisse se tenir debout. Elle va même jusqu'à boire son urine et manger ses crottes pour ne laisser aucune trace !

Sauvegarder son territoire

Pour protéger leur territoire, les mâles se livrent à des combats acharnés et se reproduisent ensuite avec les femelles qui traversent ce territoire chèrement acquis.

Les gazelles sont nombreuses

Il existe une grande variété de gazelles, mais elles se ressemblent beaucoup. On arrive cependant à les différencier par la forme de leurs cornes. Certaines ont des cornes toutes droites, d'autres en forme de S. Les mâles ont des cornes plus longues que les femelles.

Prudence, prudence !

Lorsque les gazelles désirent se désaltérer, elles s'arrêtent à plusieurs mètres du point d'eau. Un petit groupe s'en approche puis rejoint le troupeau. Il recommence plusieurs fois et, si aucun fauve ne se manifeste, l'ensemble du troupeau va s'abreuver.

Attention, danger !

En Afrique, les lions, les léopards, les hyènes et les guépards sont les prédateurs des gazelles. En Asie, elles sont attaquées par les lions et les tigres. Bien qu'elles aient de longues pattes pour courir vite, les gazelles ont du mal à échapper aux fauves. En effet, elles s'arrêtent souvent dans leur fuite et se retournent pour surveiller leur poursuivant, au lieu de chercher à s'en éloigner le plus possible.

Les gazelles sont les proies des léopards, qui les déposent souvent dans les arbres pour les dévorer tranquillement.

L'ÉLÉPHANT

L'éléphant est le plus gros des animaux terrestres. Il peut peser 7 tonnes et mesurer 4 m de haut. Il ne cesse de grandir tout au long de sa vie. Ses petits yeux voient mal, surtout le jour. L'éléphant sent et entend très bien, même des sons inaudibles à l'oreille humaine. C'est un animal sociable. Même si les mâles sont plus solitaires, les femelles vivent en harde. La cohésion du groupe est très importante, car sa survie en dépend. Sans arrêt, le troupeau se déplace, guidé par une femelle âgée, à la recherche de points d'eau et de nourriture. L'éléphant vit en moyenne 70 ans.

La vie de l'éléphanteau

La femelle ne donne naissance le plus souvent qu'à un petit tous les quatre ans, qu'elle porte pendant 22 mois. À sa naissance, l'éléphanteau pèse déjà 100 kg. Il est quasi aveugle. Il boit jusqu'à 9 litres de lait par jour. Sa mère l'allaite pendant plus de deux ans.

Les défenses sont des incisives démesurées qui apparaissent vers l'âge de deux ans. Elles sont en ivoire, un matériau convoité par les braconniers. D'ailleurs, les mâles qui portaient les plus belles défenses ont été tués sans pouvoir se reproduire. C'est pourquoi il n'est pas rare de voir aujourd'hui naître des petits qui n'auront pas de défenses. Lors d'un combat pour une femelle, les mâles préfèrent lutter avec leur trompe pour éviter d'être blessé et pour protéger leurs précieuses défenses.

Une trompe aux multiples fonctions

La trompe de l'éléphant est une extension de la lèvre supérieure et du nez en forme de tube. C'est un outil merveilleux. Elle lui sert à la fois de tuyau d'arrosage, très utile pour prendre sa douche d'eau, de poussière ou de boue, de main pour saisir les fruits et les feuilles dont il se nourrit, de bras pour attraper un fauve menaçant et l'envoyer dans les airs ou pour porter des troncs d'arbre lorsqu'il travaille pour les hommes, de trompette lorsqu'il se met à barrir, c'est-à-dire à pousser son cri, et de nez pour respirer.

Élevé par les adultes, l'éléphanteau s'habitue petit à petit à leur obéir. C'est très important lors des déplacements de troupeau. Dans ces occasions, il est protégé par les femelles, qui l'entourent et le surveillent. Il tient par la trompe la queue de celui qui le précède.

L'éléphant est un gros mangeur, qui ingurgite 160 kg de nourriture par jour. Par ce comportement, il peut modifier sérieusement la végétation d'une région, surtout en période de sécheresse. Il arrache des touffes d'herbe, déracine les jeunes arbres, déchire les écorces.

L'éléphant d'Asie

L'éléphant d'Asie est moins gros que son cousin d'Afrique. Ses oreilles sont plus petites et seul le mâle possède des défenses. C'est un animal domestique employé aux travaux de force. Dans certaines régions, il est très respecté et, à un certain âge, après une vie de labeur, il est mis à la retraite !

L'eau est indispensable aux éléphants. Ils s'aspergent souvent et se roulent dans la boue pour se protéger des piqûres d'insectes et des brûlures du soleil.

LA GIRAFE

La girafe est l'animal le plus haut de la terre. Elle a un grand cou et une petite tête toute fine surmontée de deux cornes dissimulées dans une gaine de peau et de poils noirs. Les girafes vivent en troupeau et marchent en balançant leur cou d'avant en arrière. Elles sont souvent entourées de zèbres ou de buffles, qui n'ont pas peur d'elles, car elles sont calmes et tranquilles. Quand un danger survient, elles s'échappent en courant jusqu'à 50 km/h. Elles peuvent tout de même tuer un lion ou une hyène d'un coup de sabot.

La lutte pour les femelles

Les mâles n'ont pas de territoire exclusif et une hiérarchie s'instaure entre eux grâce à un combat ritualisé. Les coups de sabot sont interdits. En revanche, des coups de tête sont vigoureusement assénés sur le crâne et le corps de l'adversaire. Le plus faible, sonné, s'enfuit en courant. Seul le mâle le plus fort se reproduit avec toutes les femelles qui passent sur son territoire.

La naissance du girafon

Quand son petit va naître, la girafe ne se couche pas, elle reste debout. Le girafon tombe de haut, mais en général il ne se blesse pas. La girafe le lèche aussitôt pour le rassurer et l'aide à se relever. Dès que son petit peut marcher, elle le cache dans des broussailles, à l'abri des lions. Elle l'allaite plusieurs fois par jour, mais très vite le girafon grignote des feuilles ! Le girafon est le seul animal à naître avec des cornes. Il suit et tète sa mère pendant près de deux ans.

Les acacias ont développé des ruses pour échapper aux dents des girafes. Jusqu'à la hauteur de leur long cou, ces arbres ont des branches couvertes d'épines et abritent des fourmis. Les unes et les autres irritent la gueule des girafes et leur coupent l'appétit !

Une drôle de position !

La girafe a des pattes plus longues que son cou, et ce dernier, très rigide, ne se baisse pas facilement. Pour boire, elle est donc obligée d'écarter ses pattes avant. Dans cette position, elle est très vulnérable. De ce fait, la girafe boit tous les deux ou cinq jours, rarement seule, et elle relève la tête entre chaque gorgée.

Un long cou très pratique

Grâce à son long cou et à ses hautes pattes, la girafe peut atteindre les feuilles situées au sommet des arbres. Elle adore les feuilles d'acacia. Sa langue est si longue que la girafe est obligée de l'enrouler pour pouvoir la mettre en entier dans sa bouche ! Mais elle lui permet de mieux attraper la végétation.

LES REPTILES

Dans la savane vivent de nombreuses espèces de reptiles. Tous portent des écailles plus ou moins rugueuses. Comme ils ont le sang froid, ils doivent se réchauffer au soleil. Quand la chaleur ou la sécheresse sont trop fortes, ils entrent en léthargie. C'est ce qu'on appelle l'estivation. Les lézards, les serpents, les crocodiles et les tortues qui habitent la savane ne sont pas toujours faciles à apercevoir. Beaucoup préfèrent se dissimuler dans l'herbe pour échapper à leurs prédateurs. Certains sont inoffensifs ; d'autres, venimeux et très dangereux.

Le crocodile du Nil

C'est un des plus grands reptiles. Il vit dans les rivières et les lacs d'Afrique. Son anatomie est parfaitement adaptée au milieu aquatique. Quand il est dans l'eau, seuls ses narines et ses yeux placés sur le haut de sa tête dépassent de la surface. Il guette ainsi ses proies sans être vu. Il se nourrit de poissons, d'oiseaux et de plus grosses proies, comme des buffles et des antilopes venus se désaltérer.

Le cobra

Le cobra, long de 2,50 m environ, appartient à une famille de serpents venimeux généralement très dangereux. Le cobra royal d'Asie mesure 5 m de long. La piqûre du cobra égyptien est mortelle. Comme ses cousins d'Afrique ou d'Asie, il se dresse et déploie son cou, ouvre grand sa gueule et siffle pour impressionner ses prédateurs, comme la mangouste. Il vit plutôt la nuit et se nourrit de petits mammifères, d'oiseaux, d'œufs.

Le cobra a une très mauvaise vue et ses yeux sont recouverts d'une écaille transparente qui lui donne un regard fixe. Quand il est en colère, c'est un des seuls serpents capables de ramper tout en dressant sa tête et en gonflant son cou.

Le margouillat

Ce lézard, à la longue queue fine, est de teinte grisée. Mais, lorsque le mâle s'étend au soleil pour se réchauffer, son corps devient rouge et bleu.

Le crocodile s'attaque à n'importe quel animal, gros ou petit. En général, il saisit sa proie par une patte et l'entraîne au fond de l'eau pour la noyer avant d'en arracher de larges morceaux de chair qu'il avale sans mâcher.

La péloméduse roussâtre

Cette tortue vit dans les mares, où elle trouve sa nourriture. Pendant la saison sèche, elle s'enterre dans la boue. Elle se recroqueville dans sa carapace pour se défendre de l'attaque des crocodiles et d'autres reptiles.

La femelle crocodile pond dans un nid qu'elle a creusé sur la rive. Elle garde ce nid toute sa vie. Elle recouvre ses œufs de sable, de brindilles et de plantes. Puis elle s'installe à côté pour les surveiller attentivement, ne s'en éloignant pas même pour se nourrir. Avant de naître, les petits se mettent à piailler. Leur mère les aide alors à sortir du trou et les mène à l'eau en les portant délicatement dans sa gueule. Ils apprennent avec elle à attraper des poissons, de petits rongeurs et des crabes. Ils grandissent très vite.

LES FAUVES

Ces grands félins sont au sommet de la pyramide alimentaire. Ils n'ont pas de prédateurs. Ils se régalent d'herbivores ou de rongeurs. Parfois, cependant, un lion ou une hyène mange un guépard ou un serval. De la couleur de la savane herbeuse où ils vivent, les fauves se dissimulent facilement dans les hautes herbes jaunies par le soleil. Le léopard grimpe dans les arbres pour s'y abriter ou dévorer une proie. Les félins ont un vaste champ visuel, une ouïe fine, une mâchoire puissante. Ils avalent sans mâcher. Les puissants muscles de leurs épaules leur permettent de bondir.

Le guépard

Tout en longueur, ce félin est imbattable à la course. Il atteint 120 km/h sur une distance de 500 m. Mais souvent ses proies lui échappent, car il s'essouffle très rapidement. Quand il chasse le matin et le soir, il s'approche prudemment de sa proie, puis la poursuite s'engage. Le guépard déstabilise l'animal d'un coup de patte, l'attrape et l'étrangle avec sa puissante mâchoire. Après sa course, il est épuisé et donc vulnérable : il ne pourrait défendre sa nourriture contre un babouin ou un lion trop gourmand.

Le guépard est un solitaire. Les couples se constituent à la saison des amours. Les guépards sont généralement fidèles pendant quelques années. La femelle met au monde deux à quatre petits.

Le lion

Il mérite bien son surnom de roi des animaux. C'est le plus grand des félins africains. Sa crinière et sa puissante démarche lui confèrent une allure imposante. Le lion est paresseux et chasse peu.

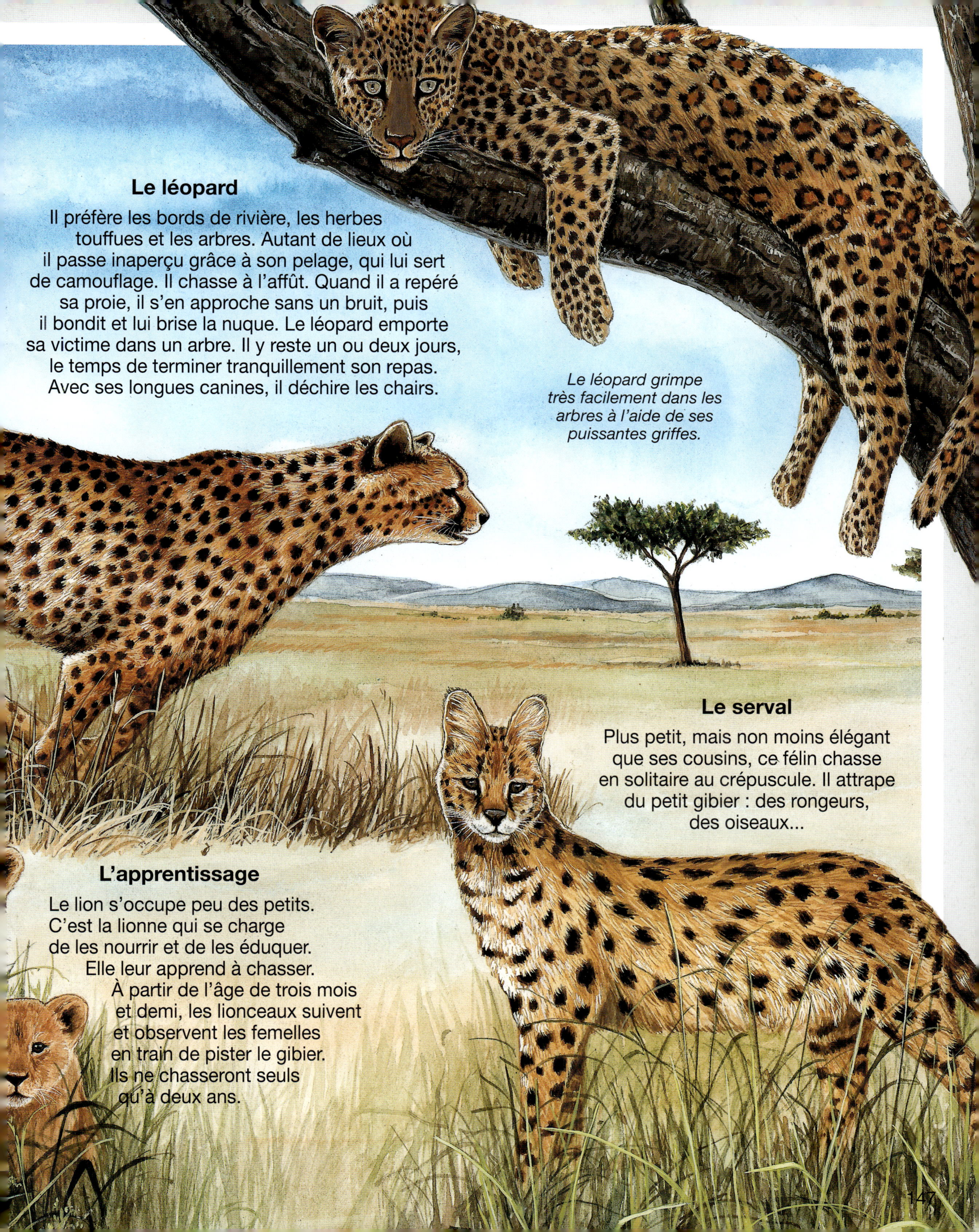

Le léopard

Il préfère les bords de rivière, les herbes touffues et les arbres. Autant de lieux où il passe inaperçu grâce à son pelage, qui lui sert de camouflage. Il chasse à l'affût. Quand il a repéré sa proie, il s'en approche sans un bruit, puis il bondit et lui brise la nuque. Le léopard emporte sa victime dans un arbre. Il y reste un ou deux jours, le temps de terminer tranquillement son repas. Avec ses longues canines, il déchire les chairs.

Le léopard grimpe très facilement dans les arbres à l'aide de ses puissantes griffes.

Le serval

Plus petit, mais non moins élégant que ses cousins, ce félin chasse en solitaire au crépuscule. Il attrape du petit gibier : des rongeurs, des oiseaux...

L'apprentissage

Le lion s'occupe peu des petits. C'est la lionne qui se charge de les nourrir et de les éduquer. Elle leur apprend à chasser. À partir de l'âge de trois mois et demi, les lionceaux suivent et observent les femelles en train de pister le gibier. Ils ne chasseront seuls qu'à deux ans.

LES CHAROGNARDS

Les charognards sont les éboueurs de la nature. Leur rôle est essentiel, car en mangeant les animaux morts, qui sont souvent les restes d'un repas, ils nettoient la nature et empêchent la prolifération des microbes qui se développent sur les chairs en décomposition. Le chacal fait partie de la même famille que le chien, le loup et le renard. Aujourd'hui, il vit surtout en Afrique. Quant à l'hyène, elle a mauvaise réputation, car elle est laide, son pelage est hirsute, son cri lugubre et son arrière-train bas. Longtemps, on l'a considérée comme un simple charognard. Or elle est aussi et surtout un puissant prédateur.

Les chacals mangent les restes

Les chacals se nourrissent des restes abandonnés par les fauves, mais ils sont aussi capables de chasser en meute. Ils poursuivent l'animal pour le fatiguer puis lui sautent dessus et le mordent à la gorge ou au ventre. Ils s'alimentent en général la nuit et n'hésitent pas à pénétrer dans les villages pour chercher de la nourriture dans les poubelles lorsqu'ils ne trouvent rien d'autre à manger.

La mâchoire de l'hyène est extrêmement puissante, bien plus que celle d'un crocodile. Elle peut même sans effort déchirer la peau épaisse d'un rhinocéros.

De petits espiègles

Les petits sont très drôles quand ils ont faim : ils se mettent à geindre, à se rouler par terre en remuant la queue et se frottent contre le museau de leurs parents.

Une vie de famille

Chaque couple vit sur un territoire bien délimité, qu'il défend. Les combats sont rares, chacun respectant le terrain des autres. La femelle creuse un terrier au moment de mettre bas. Elle a en général entre deux et sept chiots à la fois. Quand ils naissent, les petits sont sourds et aveugles. Devenus plus grands, ils s'amusent beaucoup et apprennent, en jouant, à se battre et à chasser.

Petites proies

Le chacal attrape lièvres, oiseaux, souris, lézards et insectes. Quand il ne peut pas manger sa proie immédiatement, il l'enterre.

Les hyènes chassent en meute

À la nuit tombée, elles sortent du terrier, repèrent un animal et le harcèlent. Elles le poursuivent et le mordent jusqu'à épuisement. Elles parviennent même à intimider un lion ou une lionne, l'obligeant à abandonner son repas.

Le chef de la meute d'hyènes est une femelle et son pouvoir se transmet à sa fille. Les mâles sont plus petits et doivent s'incliner.

LE VAUTOUR

Le vautour est un très grand rapace, c'est-à-dire un oiseau carnivore, au bec crochu et aux griffes très développées. Il vit le jour. Ses ailes sont immenses, mais comme il pèse lourd, environ 7 kg, il a du mal à voler s'il ne se sert pas des courants d'air chaud, qui lui permettent de s'élever dans le ciel. C'est pourquoi il attend que la température augmente dans la savane. En milieu de matinée, il peut enfin s'envoler et planer haut dans le ciel pour inspecter la nature, à la recherche de nourriture.
Le vautour n'a pas un beau cri : il siffle et grogne plus qu'il ne chante.

Une excellente vue

Le vautour monte très haut dans le ciel pour mieux surveiller un vaste territoire. Comme il a une vue perçante, il est capable de repérer de très loin un animal mort ou d'autres vautours qui se partagent une proie.

Un cou déplumé

On reconnaît le vautour à son cou et à sa tête déplumés. Cela lui permet de fouiller sans difficulté dans les restes d'animaux morts. Son bec crochu lui sert à arracher la chair des charognes.

Le vautour est un chapardeur. Quand d'autres se régalent déjà d'une charogne, il charge tête baissée pour les déloger.

Un ou deux œufs à la fois

Le vautour construit quelquefois son nid dans les arbres, mais le plus souvent dans un trou de rocher. La femelle pond en général un seul œuf, d'où sort un oisillon tout couvert de duvet. Le plumage de celui-ci ne commence à apparaître que vers l'âge de deux mois.

Les éboueurs de la nature

Les vautours sont surnommés éboueurs, car ils débarrassent la nature des cadavres d'animaux. Ainsi, cela empêche certaines espèces nuisibles, comme les mouches à viande, de se développer. Ce sont donc des animaux utiles, malgré leur aspect inquiétant. Quand les vautours ont repéré une proie abandonnée, ils l'encerclent très vite, et les plus forts d'entre eux se servent d'abord, ne laissant que des miettes aux plus faibles. Quand ils ont terminé leur repas, il ne reste que des os.

LES DINOSAURES

LES ANIMAUX PRÉHISTORIQUES

LES CHEVAUX

LES DAUPHINS

LES PAPILLONS

ANIMAUX DE LA SAVANE

MDS : 660818
ISBN : 978-2-215-11433-8

Conforme à la loi n°49-956 du
16 juillet 1949 sur les publications
destinées à la jeunesse.
Dépôt légal à la date de parution.
Imprimé en Italie (09-11).